广西梧州本地民俗文化美学研究

汤桂芳　著

中国海洋大学出版社

·青岛·

图书在版编目（CIP）数据

广西梧州本地民俗文化美学研究 / 汤桂芳著 .—青岛：中国海洋大学出版社，2018.9

ISBN 978-7-5670-2002-3

Ⅰ . ①广… Ⅱ . ①汤… Ⅲ . ①俗文化—美学—研究—梧州 Ⅳ . ① G127.673-05

中国版本图书馆 CIP 数据核字 (2018) 第 223558 号

广西梧州本地民俗文化美学研究

出 版 人　杨立敏
出版发行　中国海洋大学出版社有限公司
社　　址　青岛市香港东路 23 号　　邮政编码　266071
网　　址　http://www.ouc-press.com
责任编辑　张跃飞　　电　　话　0532-85901984
电子邮箱　flyleap@126.com
图片统筹　河北优盛文化传播有限公司
装帧设计　河北优盛文化传播有限公司
印　　制　定州启航印刷有限公司
版　　次　2019 年 4 月第 1 版
印　　次　2019 年 4 月第 1 次印刷
成品尺寸　170 mm × 240 mm　　印　　张　10.75
字　　数　201 千　　印　　数　1~1 000
书　　号　ISBN 978-7-5670-2002-3　　定　　价　39.00 元
订购电话　0532-82032573（传真）　18133833353

发现印刷质量问题，请致电 18133833353 进行调换。

前言

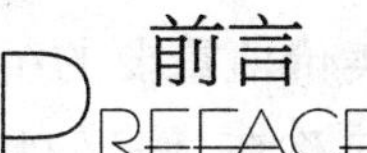

从美学的角度研究民俗文化的审美文化意义，实际上就是以民俗文化作为审美对象，形成自觉审美过程的活动。我们从历代思想家、哲学家、美学家的研究基础上可以发现："美是人的本质力量的感性显现，即是说，由于种种美的事物都是其感性形态显现出人的积极向上的本质力量，于是这些事物就能够向具备审美能力的人们放射出富有感染力的光辉，成为各种客观存在的美。"而这些要求作为审美客体的民俗文化必定是一种感性存在，必然具有令人动情的感染力，具有流动、新颖的感性形态，才能使具备审美能力的审美主体发挥其本质力量，完成审美实践活动。但是，如果我们的认识仅停留于此，那还是很不够的，我们必须进一步明确，美是一种特殊的社会价值，审美属性是一种价值属性。审美价值的特殊性在于对象事物的审美属性能够引起人们对自己的肯定，从而获得情感愉悦。这种审美价值也是客观事物的客观属性，它客观存在于客体事物本身。但是，在没有具体的审美主体出现时，客体的审美价值只能是潜在的。因此，以民俗文化为审美对象来研究民俗文化的审美文化意义，首先就是要判断民俗文化的审美价值是否存在。只有这样，才能在审美主体出现的情况下，主客体结合，完成审美实践活动。因为只有具有审美价值的事物，才具有审美意义。

对于民俗的审美价值，我们可以从多方面进行探讨，而仅从现代社会对民俗资源的开发中就可以发现，民俗文化有着很高的审美价值。这体现在两个方面，一是民俗事象的感性形式，二是它们的内在意蕴。其在自身古老传承的同时，具有历史的继承性，又有不同时代的革新与创造。这些民俗事象还有着深厚的意义追求，几乎都有求吉利、保平安、驱邪、除毒、祈福等内容，这是民俗审美价值重要的组成部分，它们满足的是人们精神的审美需要。

民俗所独具的物质与精神、实在与信仰双重文化特性，为民俗文化中的人提供了一种客体主体化的生存环境，它令每一个民俗主体都能依凭“精神化”的社会感官去征服、改造有异于人类理想的客观对象，去建构一个个充满人生理想的信仰性文化世界，使民俗传人成为永远渴望追寻自由境界的人，即自己本身的主人、自由的人。从这个意义上讲，民俗是一个“有意味”的形式，是具有审美价值的。

梧州历史悠久，文化源远流长、传承有序。梧州民俗文化的现状可说是有继承、有发展、有变化、有新意。传统的有益的民俗文化基本上能够传承下来，并在新时代、新环境、新条件下被赋予了新的内容；一些落后的不好的习俗得到纠正和清除，一些曾被中断了的传统的有益习俗得到了恢复，并有所发展。同时，梧州民俗文化也面临危机。由于社会的发展和科技的进步，人们生活习性的改变、生活节奏的加快以及生活环境的变化，以前有些民俗已不适应今日的需要，自然日趋衰落，甚至被淘汰。由于受金钱至上思潮的影响，民俗被日益物化的倾向越来越严重，其精神内涵日渐堙没。

读者朋友，特别是年轻人，看到这些内容，会有新奇感，体会到其中的知识性、趣味性。缘由是这些老行当和民间习俗是梧州特有的，它们既承传着中华民族传统文化，又饱含着地域元素，体现了梧州人生活的智慧和特点。因为随着社会的发展和时间的推移，有些老行当正在逐渐消失，风俗习惯也随科学的发展和社会的进步而逐渐改变，所以把这些民俗用文字记录下来，就显得十分必要和迫切。否则，再过一段时间，一些本地民俗在生活中将难以见到了。

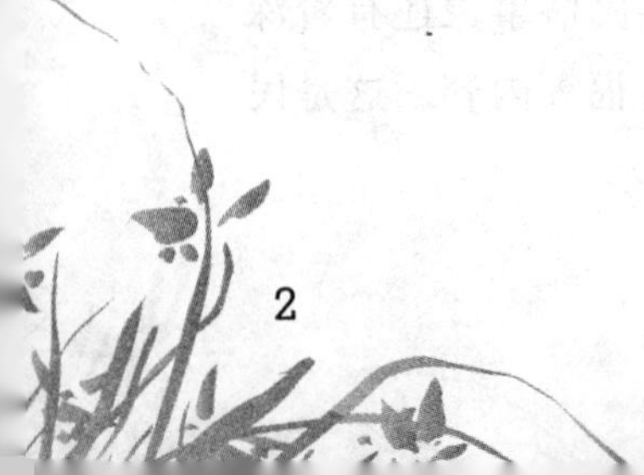

目录
CONTENTS

第一章　民俗文化美学概览

第一节　关于民俗文化的命题探究

一、民俗文化概述

我国历代皆重视民俗（风俗）文化的研究和改良。《礼记》中就有“入境而问禁，入国而问俗，入门而问讳”的内容。《汉书·艺文志》提出“观风俗，知得失，自考正也”汉代贾山认为：“风行俗成，万世之基定。”唐代杜甫追求“致君尧舜上，再使风俗淳”的政治理想。宋代苏轼强调：“人之寿夭在元气，国之长短在风俗。”陆游疾呼：“倘筑太平基，请自厚俗始。”近代思想家黄遵宪说：“论世而不考其风俗，无以明人主之功。”这些论述皆说明“风俗者，天下之大事”，不可不察，不可不究。风俗是一种历史的积淀，是千百年来社会生活的沉积。它既是现实的存在，又是几千年民族历史的产物。风俗是民族感情的重要组成部分。由于它是千百年来由人们的行为习惯传承下来的“活化的潜文化”，同时作为一种无形的文化规范、文化模式，对现实中人们的心理和行为起着强大的制约作用，所以风俗既是某一地域、某一民族人们文化心理的积淀，又是现实的“人”的心理形成的基因。风俗是民族文化在心理上的沉淀积累，是区分民族性的一个重要标志。一个作家要使自己的作品具有民族风格和中国气派，创作出人民大众喜闻乐见的作品，必定要恰当地表现一定地域的风俗及风俗文化特征。民俗从总体上可分为无形民俗（亦称心理信仰民俗）、有形民俗（亦称行为民俗）、语言民俗三大类。

柏拉图在《理想国》中写道：“应该寻找一些有本领的艺术家，把自然的优美方面描绘出来，使我们的青年们像住在风和日暖的地带一样，四周一切都对健康有益，天天耳濡目染优美的作品，像从一种清幽境界呼吸一阵清风，来呼吸它们的好影响，使他们不知不觉地从小就培养起对美的爱好，并且培养起融美于心灵的习惯。”这是一段关于“美育”的对话，历史上中外各国的先哲们虽然各自生活的历史条件不同，却都提倡和推崇美育，把美育看作完善和提高人的品格、才能不可或缺的途径。从美学的角度看，美育是以审美活动为中介的自觉教育过程，因此审美对象的作用就显得尤为重要。民俗作为民众在长期的生产生活实践过程中创造的物质和非物质文化遗产，成为各民族智慧与文明的结晶。若以民俗作为审美对象，则“它的美作为民俗文化事象的鲜丽外观，以其特有的形式结构‘承载着民众的生产和生活愿望，塑造着民众的物质和精神生活，孕育着民众的品格和素质，积淀着民族的文化和创造精神’。它的美作为民族文化最生动、最鲜活、最复杂、最宽广的承载体，越来越受到人们多重角度的关注”。

（一）民俗

民俗即民间风俗，指一个国家或民族中大众所创造、遵守和传承的生活文化。它源于人类社会群体生活的交往需求，在一定的民族和地域中不断形成、发展和演变为社会大众的日常生活组成部分。民俗就是这样一种来自老百姓，在老百姓中传承和发扬，规范老百姓的行为方式、语言方式和心理结构的一种文化力量。

（二）文化

文化是人的人格及其生态状况的综合反映。广义的文化是人类创造出来的所有物质和精神财富的总和。其中，既包括世界观、人生观、价值观等具有意识形态性质的部分，又包括自然科学和技术、语言和文字等非意识形态的部分。文化是人类社会特有的现象。文化是由人创造，为人所特有的。有了人类社会才有文化，文化是人们社会实践的产物。文化是人类生活的反映、活动的记录、历史的积淀，是人们对生活的需要和要求、理想和愿望，是人们的高层级精神生活，是人们认识自然、改造自然、思考自身、使人类精神得以承托的框架。文化包含了一定的思想、理论和规则，是人们对伦理、道德和秩序的认定与遵循，是人们生存的方式方法与准则。思想和理论是文化的核心、灵魂，没有思想和理论的文化是不存在的。任何一种文化都包含一种思想和理论、生存的方式和方法。

（三）民俗文化

民俗文化是民间风俗生活文化的总称，也泛指一个民族、地区中集居的民众所创造、共享、传承的风俗生活习惯，是在普通人民群众（相对于官方）的生产生活过程中所形成的一系列物质的、精神的文化现象。它具有普遍性、传承性和变异性。民俗文化因其核心要素是集体遵守的、反复演化的、不断实行的，所以具有增强民族认同感和向心力、强化民族精神、塑造民族品格的功能。民俗文化主要包括工艺文化、装饰文化、饮食文化、节日文化、戏曲文化、歌舞文化、绘画文化、音乐文化、制作文化等。现代社会在民俗文化领域中最引人注意的莫过于非物质文化遗产这一概念。

民俗历史悠久，但研究民俗的民俗学作为一门学科，不过近两百年的历史。从这个学科诞生的那天起，关于"民俗"一词定义的争论就从来没有停止过。目前，学术界对此尚无统一的定义，从近年许多学者的研究总结中可以发现：有的人认为民俗是"人民的生活文化"；有的认为民俗是"人民的风俗习惯"；还有的认为民俗是"民间文化"或"民间传承文化"。从民俗学的视角来看，民俗的含义也是不断发展变化的。随着社会的发展变迁，民俗学研究的领域也在不断扩展，从传统的乡村民俗研究延伸到都市民俗研究。但无论怎么变化，无论侧重哪一领域，对民俗还是有一种共识，那就是民俗主要是指"民众的风俗习惯"，或称"习俗"。民俗之所以被称为"民俗"，是指它是与上层社会的文化不同的、相对应的一种社会文化现象。古人云："上之所化为风，下之所化为俗。""上之所化"指上层社会自上而下进行的教化，有一种推动并实行的力量，所以叫风；"下之所化"指下层民众用以自我教化的东西，它在民间为老百姓所提倡并践行，所以称俗。《说文解字》把"俗"释为"习也"，强调的就是老百姓的自我教化与传习。通过这些概念我们可以发现，民俗与社会的政治、经济、生活息息相关，反映着老百姓最基本的追求、信仰、情趣与生活习惯，对社会的影响极大。当然，民俗的范围并不是宽泛无边的。每个民族都有上、中、下三层文化，民俗属于下层民间文化的一部分，一切民俗都属于民间文化，但并非一切民间文化都是民俗。民俗是民间文化中带有集体性、传承性、模式性的文化现象，它主要以口耳相传、行为示范和心理影响的方式扩散和传承。民俗是一种民间传承文化，它的主体部分形成于漫长的历史过程

中，它的根深扎在历史中，属于民族的传统文化。但它的枝叶一直延伸到当今社会生活的各个方面，伴随着一个民族老百姓的生活继续向前发展和变化，成为各个国家或民族文化的重要组成部分。因此，民俗也就形成了民俗文化，丰富和发展了民族文化的内涵和外延。

二、民俗的特征

虽然民俗文化是一个内涵丰富、外延广泛的概念，但它作为社会活动和文化活动的成果，不可避免地作用于人们的心理、观念、道德、思维、审美、生产以及宗教等活动。我们从审美的角度对民俗文化进行深入研究，可以拓宽美学研究的范围，并且能完善对民俗文化的进一步认识，因此具有一定的意义和研究价值。

在进行民俗学学习和做民俗调查研究的时候，必须充分了解民俗的特征。对民俗特征的理解应当从两个方面着眼：一方面是民俗文化现象本身内在的特性所显示出的特征，这种特征叫作民俗的内部特征或内在特征；另一方面是民俗文化现象在时间、空间以及发展活动中显示出的特征，这种特征叫作民俗的外部特征或外在特征。这两方面区别于其他社会文化的特征，结合起来便构成了民俗的整个特征。

（一）民俗的内部特征

从内部属性上来说，民俗大体上具备三个特征，即民族的区别、阶级的划分、群体的共通性。

1.民族的区别

民族的区别是民俗的重要特性之一。所谓民族的区别，是指同一类民俗文化现象在不同的民族中所具有的不同特点，又是指不同民族生活中有不同的民俗现象世代相传。这种特征是在各民族生产需要与文化生活的发展中自然而然形成的。在产生现代民族之前，古代民族以及比他们更古老的氏族、部族就已经形成本民族和本氏族、部落的特有习俗了。比如，某民族的图腾崇拜与其他氏族的图腾崇拜有不同的内容和形式，所崇拜的熊、虎等对象在人们的意识、心理、审美、行为上所形成的各种深刻印记各具特点。

我国民俗自古代民族形成以来就具有多民族的民俗结构。《史记》中就可以看到像《匈奴列传》里所描述的古代北方民族与中原汉民族完全相异的风俗文化。经过古代民族的发展，形成了现代的民族共同体。关于民族的概念、形成和特征，理论上虽不统一，但是多民族实体是存在的，它们对民俗有绝对的制约性。

以婚俗为例，东北地区满族的下茶、插车、坐帐，蒙古族的奶茶会、骑马迎娶新娘时的男女答辩、女方老人给予祝福赐装，朝鲜族的迎娶、新郎到新娘家“接大桌”等，都有各自民族的民族风情和独特习惯。西南少数民族的“抢婚”“偷亲”，拦路与开路、对歌与跳舞，以及“不落夫家”“从妻居”“试婚”等各式各样的习俗，也都各具民族特色。同理，中国各民族习俗与其他各国各民族的民俗也存在很大不同。民俗一直受到各民族生产生活、民族社会结构、民族心理、信仰、艺术特色、语言方式等文化传统的制约，形成了民族民俗的特点。特别是在进行调查研究时，必须重视民俗的民族性，如进行满俗的调查，就需要严格区分哪些是满族自身的，哪些是蒙古族、汉族习俗转化来的。进行东北汉族民俗调查时，也要留心哪些是汉族祖先从山东、河南、河北等地闯关东带来的中原风俗，哪些是到关外后从满族、蒙古族吸收来的风俗。这对各民族历史、文化的比较研究，探索各民族文化发展的独特和共同的道路，都有重要意义。

2. 阶级、阶层的差异

阶级的差异是民俗现象中所表现的阶级差异是民俗的重要社会属性。关于这个特征，我们和形而上学对此的看法完全不同。形而上学曲解了阶级学说，把阶级的对立原则绝对化了，认为不同的阶级有不同的阶级习俗，对立的阶级只能有对立的风俗。这种认识显然不符合民俗传承的规律和实际，它不是从民俗文化内在与外在发展的实践中总结提炼出来的，而是从阶级学说中简单化地炮制出来的。实际上，从人类社会产生民俗以来，就不是由不同阶级的集团来区分的，而是从整个民族文化的积累中世代相传发展演变来的。在同一个民族内部，各个阶级都需要生养和婚丧，都有衣、食、住、行等消费习俗，都要过传统的各种节日，都要遵守本民族的信仰，都要有本民族的游艺活动。也都流传着相同形式的口头传承。了解各个阶级的民俗共通性是很重要也很必要的。

但是，科学的民俗学只了解这一方面还不能揭示民俗的阶级特征，还应当认真审视在共有的民俗文化中有着明显的阶级差异，这也是尤其重要的内容。这种阶级差异除了经济地位与手段不同、民俗形式的表现方式不同外，还有统治阶级利用民俗统治被统治者的对立性质。同样是饮食习俗，《红楼梦》中所描绘的贾府举行螃蟹宴的饮食习俗与刘姥姥进贾府馈送乡下新鲜瓜菜的饮食习俗放到一起，形成了对比。豪门一席宴是农家一年的生计，这正好揭示了消费习俗的阶级差别。《白毛女》中过大年的习俗是从黄家向杨家逼债展开的，黄家的年夜饭与杨白劳家用仅有的一点面包饺子的差别正揭示了两个阶级除夕习俗的差别。鲁迅在《祝福》中写出了鲁四老爷家过旧历除夕的祝福习俗对雇工祥林嫂过除夕的巨大精神压力，也表明了不同阶级过除夕习俗的差异。从物质生活到精神生活层面，民俗显示出了很鲜明的阶级差异。

民俗的调查与研究仅着眼于整个民族的特征显然是不够的（虽然这是很重要的，但是不可以停留在此）。还应当了解在同一种民族类型的习俗中各阶级甚至各阶层的差异，才能在比较分析中总结出科学的结论。很明显，《红楼梦》中贾府贵妇人秦可卿的葬礼与丫鬟晴雯的出丧同是丧葬习俗，却展现出两个对立阶级的极大差距。在某些民俗调查材料中，往往只有笼统的记载，如某民族婚俗中宴席的规模、婚礼的繁缛程序等，只有一般的介绍，并没有标明阶级或阶层的差别，这是不科学的，是不足为据的。

3. 人类的共通性

人类的共通性是民俗所具有的非常广泛而深刻的属性。每个民族的民俗在历史发展过程中，都有许多彼此类似的因素，也都是人类文化发展的结果。它们往往存在着人类共通的深刻内容。比如，人类社会发展中的几个重要时期，如采集时期、渔猎时期、畜牧时期，相应地形成了采集、渔猎及畜牧的民俗生活。又如，石器时代、陶器时代、青铜时代相应形成了新旧石器文化、陶器文化及青铜文化。古老的原始信仰为人类共通的信仰习俗奠定了基础，如对大自然的崇拜、对火的崇拜从来就具有全人类的共通性。而且，即使是婚丧嫁娶这样的习俗，也都具有人类共通性。婚姻是人类繁衍后代的文明形式，是“生物人”转向“社会人”的高度理性化、社会化的发展成果。因此，全世界的各地区、各民族历来都把结婚视为人生大礼。在婚礼习俗文化中，祝吉祈福成为全人类共通的良好意愿。丧葬是人类自然淘汰的社会化发展结果，是全人类共通的处理逝者的文明形式。因此，把对死者的哀悼或对祖先的怀念用一定的仪礼体现出来，也是人类共通的意愿。人类的服饰、饮食、居住等习俗也都形成了共通的特征。这种现象正是人类社会发展到相应阶段所形成的相似、相近、相同的文化创造在民俗中的反映。而且，在各民族文化交流与传播过程中，民族化具象逐渐被转化成国际化民俗现象，成为人类共同的民俗文化，这几乎是带有规律性的特征。比如，火葬习俗逐渐以其科学性取代土葬、水葬等旧俗；文明婚礼逐渐以其进步性荡涤旧式婚礼的繁缛与陈腐；各民族以其先进的饮食、衣着习俗丰富着人类的衣食，使之更加国际化与现代化。人类共通的习俗惯例在国际文化交往日益频繁的今天，必将不断延伸出现代化形式。这种全人类的共通性在民俗的比较研究中，不仅十分醒目，还有其重要的科学意义。

（二）民俗的外部特征

民俗事象在人类生活中，除了由它的内部显示出上述特征外，还在不同的时间或空间及其活动过程中显示出一些十分明显的外部特征。在时间上，民俗的特征是以历史时代的发展特点为标志的，被称作历史性特征；在空间上，民俗的特征是以地区特色为标志的，被称作地方性特征；民俗在其发展过程中所呈现出的运行状况，具有明显的世代传承及不断变化的特点，通常把这些特征称作传承性和变异性特征。各种民俗文化的交流传播及混搭特点也都是从以上那些内容中衍化而来的。

1.历史性

历史性是民俗发展在时间上的体现，是特定时代里显示出的外部特征。这个特征也可以叫作时代性特征。这种特征是在民俗发展的特定历史时期中形成的。以发式习俗而言，全蓄发、簪发为鬓置于头顶，这是明代男发式；前顶剃光，后脑梳单辫，是清代男发式；分发、背发、平头、剃光是辛亥革命后的男发式；直至今日，发式多样：这便展示出几百年间发式的历史特征。此外，服饰习俗中的长衫、马褂、圆顶瓜皮小帽正是旧中国一般商人、乡绅的男装，在中华人民共和国成立后迅速被淘汰了。在这里，历史的变革有着重要的意义。比如，我国汉族妇女缠足的恶俗之所以延续那样久，主要是封建时期对妇女压迫的主导思想和制度在漫长的年代里持续不变造成的。辛亥革命后，尽管推翻了帝制，但是并未解放妇女，因而在我国广大农村妇女缠足习俗仍很流行。直到全国解放，从根本上保护了妇女利益，才彻底废除了缠足恶俗。社会变革、人民解放、妇女翻身成为缠足恶俗最终废止的历史依据。同样，日常仪礼中的叩头跪拜、请安、作揖、拱手等礼节都是旧时代的产物，随着新时代的发展变化，逐渐被鞠躬、握手等新礼节所取代。封建婚俗的六礼——问名、订盟、纳采、纳币、请期、迎娶，父母之命，媒妁之言，几乎束缚了我国古代婚姻制度长达数千年之久。它们十分典型地反映了婚俗的封建历史性。随着封建制度的瓦解，在新的社会主义历史时期，文明婚礼、自由恋爱、婚姻自主等新式婚俗越来越多地取代了旧式婚俗，这体现了新的历史时期的特征。

我国曾经长期处于封建社会，民俗的历史面貌表现出一种相对静止的保守局面，这是针对整个封建社会的时代面貌来说的。即便在整个封建社会时期，由于朝代更迭、民族交往、经济发展、文化交流等因素的影响与制约，各个发展阶段也会显示出不同的历史特点。我国历史上改朝换代，尽管封建统治制度不变，但是由于某些非前代、反前代思潮的影响，各种习俗相应地都打上新的历史印记。例如，唐代服饰经过了五代，到了两宋时代，便有了较大的历史变化，基本上由宽肥趋于窄瘦了。

民俗考察与民俗研究不能忽视民俗的历史特征。谈及古俗，均以周礼为准，而不顾若干历史阶段的差异，这对民俗学的科学研究有损无益。

2.地方性

地方性是民俗在空间上所表现出的特征。这种特征也可以称为地理特征或乡土特征。因为这个特征是在民俗的地域环境中形成并发展起来的。俗语说“十里不同风，百里不同俗”，正是这种地方性特征的生动说明。民俗的地方性特征具有非常普遍的意义，不管哪个民族的民俗，都会受到所在地域的经济结构、生产生活及地缘关系的制约，都不同程度地染上了浓厚的地方色彩。

比如，饮食习俗中，民间常说“南甜北咸东辣西酸”，虽不是太确切，却总体反映出饮食习俗的地域特点。又如，代表我国著名菜点特殊风味的食谱习俗就表现出了清晰的地域差异。京式菜点、广式菜点、川式菜点、闽式菜点、鲁菜系、沪菜系等各有优长，都是从地方饮食中发展起来的。再如，城镇名食品的分布，北京东来顺涮羊肉，天津狗不理包子，沈阳老边家饺子、老那家坛肉，沟帮子熏鸡，海城馅饼，四平李连贵熏肉大饼等都以其特殊风味代表了地方饮食。此外，许多名牌产品也以地方性为标志，如贵州茅台镇的茅台酒与山西汾阳市的汾酒，这种地方性十分鲜明。除食俗外，其他民俗事象也具有地方性特征。例如，民间小搬运习惯，各地在挑、抬、顶、背、扛、抱、提、挎、搭、拉、推等方式上，分别有一两种惯用方式，甚至同是挑担，各地也各有不同。有的就连使用的小搬运工具也千差万别，各有特色。民俗常因地制宜，展现出特有的乡土气息。例如，东北农村的乌拉爬犁、中原农村的勒鞋和推车、大江南北的草鞋和扁担、西南山寨的赤脚和背篓、西北的皮靴和驮子等都是各地行旅的特殊标记。

民俗地方性特征的形成与该地区的自然资源、生产发展及社会风尚的独特性紧密相关，生产竹的地区与生产木的地区的扁担自然形成竹、木两种类型。因此，从总体视角来看地方性，可以清晰地看出，各个地区形成的民俗具象分别形成不同种类的同心圆，无数个民俗同心圆彼此交叉联系，便形成诸多不同的民俗地域。例如，我国东北地区由于几千年经济文化的影响，形成了一个大的同心圆，与我国华北、西北、西南、华东等地区有很大的民俗差异。在这个大的地域中又包括许多小地域或更小地域的民俗同心圆，互有差异，一直到最小的自然村落的差异为止。这种民俗特征标志着民俗事象依附于地方乡土的黏着性。所以，民俗调查与研究对此也不能采取笼统的一概而论的态度，否则，从理论到实践会犯极大的错误。正由于民俗存在着非常浓厚的乡土气息，所以民俗志就成为地方志或乡土志的重要内容。我国自古以来方志学的建立正是密切联系了历代各地方民俗的搜集、研究而发展起来的。我国当前的县志编纂也应当着眼于民俗的地方特色，把本乡本土的风俗习惯及其由来与发展认真、科学地记录下来，这对研究民俗、促进当代移风易俗都有现实意义。在调查中，对本地固有的风俗及外来影响的风俗也有比较科学的鉴别和区分。地方性特征无疑是民俗的重要标志。

3. 传承性

传承性是民俗发展过程中显示出的具有运动规律性的特征。这个特征对民俗事象的存在和发展来说是一个主要特征，它具有普遍性。

民俗是世代相传的一种文化现象，因此在发展过程中有相对稳定性。好的习俗以其合理性赢得广泛的承认，代代相传，不断地继承下来，恶习陋俗也往往以其因袭保守的习惯势力传之后世，这种传袭与继承的活动特点正是民俗的传承性标志。

比如，岁时节日习俗，农历正月十五的元宵灯会和吃元宵，清明节的祭祖扫墓与踏青郊游，五月初五端阳节的菖蒲艾叶、赛龙舟、吃粽子、饮雄黄酒，八月十五的中秋节赏月和吃月饼，除夕辞岁的年祭和吃团圆饭，都是传袭了千年以上的岁时习俗。不论各代各地有多少差异，标志该节日的主要内容和形式却始终被承袭下来。又如，我国自古以来就有完备的结婚习俗，包括它的繁杂程序及操办方式，一直传袭下来，不仅在整个封建时代不断因袭，甚至在现代仍有不同程度的继承或沿用，给当代婚俗套上了较为沉重的封建婚俗的枷锁。丧葬习俗同样如此。所有这些都说明了民俗本身所具有的传承特征十分鲜明，即使民俗有了某些改变，往往也可以找到这种传承特点所显示的继承与发展的脉络。

民俗调查研究对这一特征不可等闲视之。传承性的标志既可以使人们看到那些优良习俗的世代相承给人类社会的进步繁荣带来了积极影响，又可以使人们鉴别那些恶习陋俗的代代因袭给人类社会带来了巨大的灾难或沉重的压力，民俗科学可以由此帮助人类找出移风易俗的新路。

民俗的传承性在人类文化发展过程中，呈现出一种极大的不平衡状态。在文化发展状况充分的民族、地区，这种传承性往往是一种活跃的状态，也就是在继承发展中显示这种传承性；而在文化发展状况不充分，甚至文化发展处于停滞、落后的民族和地区，这种传承性往往是一种休眠状态，也就是以它固有的因袭保守形式显示这种传承性。因此，城镇习俗的继承发展较为流畅，偏僻村寨习俗是一种异常突出的因循守旧。当代对民俗的调查研究中，城镇的传统节日习俗远不如村寨更具有古朴色彩。在这种不平衡状态比较过程中，自然就寻找出城市民俗与村落民俗的关系及其差异性。因此，对传承性特征的认识只能在民俗的发展过程中去分析和总结，否则，必然出现形而上学的错误。

4. 变异性

变异性是与传承性密切相联系、相适应的民俗发展过程中显示出的特征。它又与历史性、地方性特征有千丝万缕的联系，标志着民俗事象在不同历史时期、不同地区的流传所出现的种种变化。换句话说，民俗的传承性绝不可以理解为原封不动的代代照搬、各地照办，毫不走样，恰恰是随着历史的变迁，不同地区的传播内容和形式会存在或多或少的变化，有的时候甚至是异常剧烈的变化。因此，民俗的传承性与变异性是矛盾统一的特征，只有传承基础上的变异和变异过程中的传承，没有只传承不变异或一味变革而没有传承的民俗事象。在长期的民俗学理论发展过程中，传承的特征被摆到主流地位是对的，但是忽视了变异的特征是不正确的。那些在民俗中访古考古寻觅遗留物的做法是不可取的，对发展人类文化，推陈出新无大补益。只有既研究其继承，又关注其发展变化，才有助于人类社会的进步。

比如，古代婚礼用五谷杂粮撒向新娘，做驱邪祝吉仪式，到当代用五彩纸屑撒向新娘以致庆贺，由此也可以看到古代习俗、仪礼在传承过程中的变异轨迹。

这种变异性特征在民俗发展史中，一直以来大多是在自发状态下自然而然形成的。由于时代风貌不同、地方生活差异、民族传统差异，各种民俗在流传中变异是很自然的事，同时应当认识到，人为的有意识的改革只要为人们广泛承认和接受，也可以形成民俗的变异。我国历史上运用政治手段采集民风、改革习俗的事例是很多的。例如，魏晋南北朝时，太原地区寒食节冷食习俗长达百日以上，造成疾病伤亡，危害严重。唐玄宗下令革除，改禁火三日。侗族山寨为革除旧婚俗六礼的繁缛奢费，曾于20世纪拟订乡约，刻石树碑，予以改革。我国多少世纪以来，汉族盛行的表亲（近亲）婚得不到革除，现在由新婚姻法规定下来，禁止近亲结婚，用科学与法制革除了恶俗。因此，不可把变异性的自发形成强调到绝对的程度。但是，也应当认识到，人为的变异不是无条件的，而是从民俗中有意引导出来的，它符合社会前进方向和民心所向，绝不可以把变异性理解为任何人都能以个人意志强行改变习俗。

我国历史已经证明，那种不按民俗规律强行发展民俗、革除民俗的做法是行不通的。变异性是移风易俗的特征，只要认真探讨和总结变异性的科学规律，积极推动旧俗向新俗转化，民俗中许多事象就会逐渐从落后发展成进步、从愚昧发展成文明。既要继承优良传统，又要革除旧习陋俗，这便是从这一特征的积极意义出发，认真对待当代实用民俗学的课题。民俗的特征之间都有联系性，因此在进行民俗调查研究的过程中，只有形成多侧面、多角度的认识，才能比较科学地形成考察民俗的纵横观、面面观，才能找到比较科学和可靠的方法。

第二节　美学应“走出彼得堡”

自从人类诞生以来，人们都按照一定的方式生活着，按照一定的方式满足着自身和社会的需要，按照一定的方式传宗接代，按照一定的方式形成、延续、发展着相同或不同的物质生产和精神生活，按照一定的方式形成、延续、发展着大大小小的或独立或交叉或融合的文化圈，这就是人类文化传承的“传宗接代”。这种人类普遍的动态文化传承，无论是从历史发展纵的角度看，还是从共时的横的断面看，都呈现为一种相对稳定的成“型”的固定形式或惯例，因而我们称之为民俗。

“民俗”这一词汇在我国秦汉时期就已经开始使用。宋代朱熹的《诗集传·国风序》说：“风者，民俗歌谣之诗也。”这正是对《诗经》中“风”的解释，可见在先秦时代，“风”已经是“民俗”的意思了。先秦时代的人“采风”，即“以观民风”，也叫“采察民俗”。他们把歌谣称作“风”，只不过这些歌谣反映了民俗，因而用以拟称而已。所谓民风、民情，也就是民俗，即老百姓日常的生活方式和心理状态。可见，从先秦时代起，民俗就包括十分广泛的内涵。而真正把民俗上升为一门学问来对待、研究、考察，是科学在近代发展起来以后的事情。众所周知，近代科学意义上的学科真正建立是微观系统论发达以后的结果。在我国古代，人们倾向于使用宇宙整体的抽象合一思维，不喜欢对事物进行单项、深入的学科性考察，所以往往对世界万物的现象只是做出符合宇宙整体合一思维的阐释，而忽视对事物本质及其自身运行规律的系统分析。对于民俗也是这样。也就是说，虽然中国古代就有民俗的概念和范围，但是没有对民俗进行学科意义上的系统梳理，也就没有所谓民俗学的产生。

1946年，英国考古学家汤姆斯发现，自欧洲文艺复兴和启蒙运动以后，人们开始重视对民众地位的确认和对民众文化的研究。比如，意大利的维科于1725年写的《关于民族共同特性的新学科原理》把民众当作文化的承担者、创造者；德国的赫德认为，民众的文艺是表现本民族甚至全人类普遍心理的内容，所以对其搜集研究；德国的格林兄弟研究后发现，可以用“Folklore”来概括这种民众的知识学问。从此，民俗学开始走上了作为一个独立学科的学术发展历程。“Folklore”是一个合成词，由“Folk”和“Lore”构成。在此，Folk就是英语通常意义上所指的People（人民、民众、世人），这与德语的“Volkskunde”整个民族的学问一样，“民”的涵盖面是十分笼统的。英文字典里称“Folklore”为Study of the traditional beliefs，tales，etc.，of a people”。这里的“a people”就是一个民族整体的意思。这同我国“民”的概念是一致的。《辞海》对“民”字解释为“人民”“古代泛指被统治的庶人”“泛指人或人类”。也就是说，民俗学从诞生那天起，其描述对象的创造主体就是广义、全体意义上的“民”，它是一个广博深邃的领域。

那么，在这个领域中，大家所关注的“俗”是一些什么样的内容呢？根据以上内容的分析，在我国先秦时代，它是“歌谣之诗”的代名词。人们对“风”（民俗）集中关注的是“歌谣之诗”，即民众的“歌谣之诗”成了民俗的具体体现和表现方式。后来的民俗逐渐扩充到这些歌谣之诗赖以存在的环境，即生活状态，如礼仪、习惯、生活方式等。在近代西方，汤姆斯主要研究的是通俗的古旧习俗、通俗的文学等令人惊奇又感兴趣的东西，维科重点关注的是民众文化，赫德研究的是民众的文艺体现出的民众心理结构状况，格林兄弟研究的是民众的文艺体现出的民众语言、民众信仰、民众的精神和民众的秘史。由此可见，民俗学进而分化为人类学、神话学、历史学、地理－历史学、传播（外借论）学等学科。这种情况对我国产生了影响。自五四运动开始，以北京大学歌谣学运动为中心，后来转移到南方，开展了轰轰烈烈的民俗调查研究活动，由此开启了以研究民俗为对象的人类学、民族学、社会学乃至语言文学等不同的学术领域。

然而，所有这些都没有解决以下问题：为什么这些民俗能够如此风行，传承不衰？倘若这是由于经济原因造成的，那么能不能对此做出全面而合理的解释？为什么社会发展到现在，还流传着古代的习俗，还继承着古老的传统文化，今天的人还对古人的情感载体深受感染和感动？如果说这是由于人类普遍心理的一致，为什么会有这种情况出现？也就是说，人们为什么都具有这种欣赏、模仿、传承它的心理呢？是不是由于它是美的，符合了大家的审美趣味，人人爱它、离不开它的缘故？

这些就造成了民俗学至今没有深入的课题内容，并且我们也难以要求民俗学历史做出这种回答。因为它涉及面太广，是一个现象学的范畴，也是心理学的范畴、美学的范畴。作为现象学，它可能而且已经在心理学得到了一些呼应，然而作为心理学，它却没有得到美学的回应。

美学属于哲学范畴，是一个抽象的领域，难怪有人说它是玄学的代名词。无论是在中国，还是在西方，以前美学都是一门高度思辨的学问，很少向俗人渗透，也很少被俗人所认识。然而，它既然是一门学问，不管多么玄妙，总有其质的规律性，总有其内涵和外延，总有其对老百姓的社会心理文化所折射的具象做出解释的一面。尽管美学问题已经体现在我国先秦诸子以及古希腊的柏拉图、亚里士多德那里，但是真正作为学科的美学是由 18 世纪的鲍姆加登的《美学》始创。“美”作为一种历史的观念的存在，自然也同民俗一样，伴随着人类社会的发展而发生和发展。因此，面对这么古老的“美”的观念的历史存在，我们需要对发展至今的美学重新审视。

其实，美是引起审美对象美感的客观存在的一种观念属性。这种观念具有心理感应和价值判断的多重意义。也就是说，它是合理的，又是有价值的。美感的发生是以“价值”为其基础的，也就是说，价值是美感发生的胚胎，同时给予这种价值观以美的观念，也即美观的色彩和判断。

纵观美和美感的发生理论，一切的美都具有或多或少、或隐或显、或泛或狭的民俗观念的性质。美作为一种观念形态，从共时的横的坐标上看，无不以业已成熟的民俗性为其前提，意思是说，凡是被确认为“美”的，都能够引起普遍的审美者的共鸣。这种共鸣可以说是一种民俗的观念，而不是某个人或少数人的观念，也不是瞬间忽至、飘忽不定、稍纵即逝、不再传承和复现的观念。否则，对美与不美的判断就永远没有任何公认的客观依据和概念尺度的相对不变量的一致性，而这种公认和一致性，无疑就是一定社会圈子里的民俗性。

民俗，正是在一定的文化圈内存在基本上相同或类似的美感特征，它所引起的审美对象的美感具有无与伦化的普遍性。有些甚至在超文化圈内也是这样，这就是说，美的观念只有在这里才能得到普遍适用的解释。离开了民俗观念，就无所谓美或美感。离开了民俗观念的外化载体——民俗事象，美或美感就失去了赖以存在的客体，也就失去了其得以产生的主体。

所以，虽然美学历来是以艺术为主要的或中心的研究对象，甚至是专门的研究对象，但民俗作为美学的研究对象，有更宽泛的内涵与外延，因而更具有宽广的普遍意义。因为我们从民俗发生、发展的理论来看，一切民俗都具有或高或低层次的美的性质。

首先，一切民俗的发生都是由美的观念造成的。从这种意义上说，“美”是一个流动的历史的变量概念。从历史纵的坐标上看，作为审美主体的人类最初的美感是一种实用价值判断，也即具有直接的功利性，才有了创造后的模仿，进而有了新的创造和新的模仿，有了全面意义上的价值审视与认知，因而有了一系列具有功利性进而发现并丰富了其审美性的民俗。这从“美”的字面意义和语源、词源学上看是这样，从美感发生、发展史上看也是这样。原始人捕鱼，发现了鱼叉或渔网具有实用功利性，认为是美的，因而有了关于鱼叉或渔网的一系列民俗。原始人发现唱歌（即使是最简单的歌）可以消除疲劳，抒发情感，传授知识，认为是美的，因而有了关于唱歌的一系列民俗。现代人的流行服装、流行发式、流行家具式样也都是在实用的基础上因为有了较高层次的美学意味，才得以流行起来成为民俗的。在一定意义上说，即使是所谓“纯艺术美”的产生，其基因也离不开审美主体对它的愉悦功能、心理补偿功能、教化功能、关于社会和人生的认识功能等的价值判断和体认。

世界上至今不能产生至少不能风行离开了社会文化内容的纯形式的所谓真正的“纯艺术”，其原因概在于此。

一切民俗的发展、传播扩散和被接受也正是由于它具有或高或低层次的美的性质造成的。从价值判断上来说，无价值的东西（至少是不被认为有价值的东西）不会被普遍或较为普遍地接受。从美感效应上来说也是这样，不美的东西（至少是不被认为美的东西）也不会被普遍或较为普遍地欣赏、接受并传承。由此可见，不具备美的性质的东西是难以形成民俗观念和民俗事象的。任何美以其发生形态和发展形态来看，都是以民俗为依托和前提的。任何民俗的发生与发展又是以美为契机和指向的。这种二重同构，我们仅用“民俗”或者用“美”来涵括它，显然都只是描述了它的一面，只有双方概念的相互渗透所组成的同构，才能准确地描述出原本也是二重同构的涵指对象。于是“民俗美”这一概念就产生了。“民俗美”就是人们按照美的观念所生成的民俗以及民俗因具有引起人们美感的性质而得以接受和再传播、再接受，以至历时、共时均得以流行、共鸣的一种观念与形态的二重同构。在这里，“民俗”是美和美感的载体，“美”是民俗发生、发展的来自审美心理、审美观念的内趋力。“民俗美”是民俗的，又是美的。这里的民俗是具有美感的民俗，即美的民俗；这里的美，是具有民俗性质的美，即民俗的美。换句话说，“民俗美”的概念就是对民俗所具有的美的性质及种美的性质的载体本身的一种全方位的认知和涵括。

我们对“民俗美”的这种体认一方面是对于民俗所具有的美的性质的观念体认，另一方面是对这种美的性质所凭借和依附的，即作为其载体的民俗的形态的体认。因此，这种体认是符合人文科学对于人类文化之应有的体认的。在人类文化中，观念与形态本来是不可分割的同构体，只是由于科学的发展越来越趋向于专门化的单方面分工，才对它进行“条块分析”“定点解剖”，然而这不应该造成我们对人类文化自身的全方位体认的障碍。由此，美学在这里不能只是高高在上的极度抽象的学问，应该“走出彼得堡”，向俗人问津，也被俗人问津，成为一个开放的体系。

第三节　民俗学与美学的必然“结缘”

一、民俗美学的体认

美学从诞生那天起，就是以民俗为其研究对象的，只是它对民俗的体认是从美学以往的历史的学科角度去观察，因而仅形成了对其所由生成的心理基础及其所引发的人们的心理情感单方面的认知。也就是说，美从诞生那天起就浸透着“俗”（民俗）气，或者说“俗”（民俗）从诞生那天起就浸透着“美”，二者原为一体。只不过我们从现象学的角度来看，它是“俗”——民俗，而从这种民俗所由生成的心理基础及其所引发人们去接受、传承的心理情感来看，它是“美”的。因此，美学本来就不应该只研究美的审美层次这一单面结构的学问，而应该研究美的实用层次、审美层次及其过渡层次的全面结构的全部内容。

可喜的是，近几年来，美学界已经把视野投向了美的实用，实用美学或者说应用美学冲击甚至占领了美学市场；大范围的，如生活美学、社会美学；小范围的，如工艺美学、服饰美学、饮食美学、旅游美学等应运而生。饮食、穿衣、生活琐事曾经被看作多么庸俗不堪的事情，就这样进入了美学的研究领域。或者说，美、美学曾经被视作多么高雅、玄妙的字眼、学问，就这样同凡夫俗子的日常生活紧密地交融在一起了。实用美学已经得到了相当的重视和研究，这同现今的美学正在形成的一个开放的、拓展的体系，如服饰美学、旅游美学、饮食美学、游艺美学等，都已成为美学越来越重要的领域（甚至人体美学也已成为学术的内容，超越了自古有之的比美、选美、健美、美容等只限于生活范畴和技巧范畴的状况），越来越显示出了美学与民俗学在研究对象上越来越趋同的走向和态势。

事实就应该这样。因为美学只有在研究民俗的基础上，才能对美和美感的发生及其载体找到合理的、符合实际的答案；民俗学只有在研究美学的前提下，才能对民俗的发生、发展的根本原因做出不只是经济的也是审美心理、审美观念的解释。

于是，民俗学和美学就这样不可避免地"结缘"了。因而，一门民俗学与美学交叉的新学科——民俗美学就这样必然地、历史性地诞生了。

作为民俗美学这门新学科的基础的主体学科是民俗学和美学，它们的关系不是并列的组合，而是有机的交叉。民俗学是从研究民俗文艺开始，进而拓展了研究领域，把物质民俗、经济民俗、消费民俗、信仰民俗、交际民俗等一并纳入所研究的范畴。美学也是以艺术为其研究的中心内容，把服饰、旅游、饮食、游艺等纳入研究范畴。这就说明了二者研究的内容和性质决定了这种有机的交叉。

而这种交叉又是一种有机的综合同构，也就是说，民俗美学研究的任何一项民俗，都具有审美意义，研究的任何一种美的载体都由一种民俗具象呈现出来。所以，美学在此不再只是一种高度抽象的学问，民俗学也不再只是一种现象学，而是具有了抽象的学科属性。意思就是，抽象与具象在这里实现了有机结合，融为一体。它既有理论学科的一面，又有实用或应用学科的一面，是二者的有机结合。

但是这种结合、融为一体又不是单纯的两门学科的合并，而是在民俗美学研究的对象与范畴里结合、融为一体。美学和民俗学并不失去、也不可能失去其独立（即使是相应独立）的意义与价值。美学依然是研究美、美感的一般内涵与规律的专门学科。民俗学依然是研究民俗发生、发展规律及其价值与作用的专门学科。民俗美学则是研究具有美感性质的民俗（美的民俗）与具有民俗性质的美感（民俗的美），二者相互依存，形成对应关系的内容、形态及其应用和发展规律。这三门学科具有相应的独立性和主体性。

也就是说，正是由于民俗学与美学各自研究对象的走向趋同，两者形成了一种亲缘关系，这种亲缘关系构成了一个边缘的交叉学科，即民族美学，它有自己的独立性。

二、中国民俗艺术的审美特征

中华文化源远流长，灿烂辉煌。在民族文化历史上，中国民俗艺术以其独特的民族风格、多种多样的表现形式、执着的艺术追求，谱写了雄奇壮美的篇章。在21世纪的今天，在多元文化的冲击下，中国民俗艺术越发重要，吸引越来越多的人去探索它的奥秘和真谛。

民俗艺术是在民间广为流传并相袭成俗的各式各样的艺术形式，也就是在民俗活动中所表现出来的各种艺术形式的通称，其中包括民俗音乐、戏曲、歌舞、杂技、曲艺、剪纸、绘画、雕塑、建筑以及其他各种民间工艺美术等。

民俗艺术和民间艺术是两个含义十分近似的概念，有时甚至可以通用，但二者还是有明显区别的。民俗艺术是民间艺术中最重要的组成部分，民间艺术除了包括民俗活动中的各种艺术形式之外，还包括来自民间艺术家的单独而非共同的创作以及在民间并不广为流传和不为大众所接受的艺术作品和形式。民俗艺术和民族艺术也是两个不同的概念，民俗艺术属于民族艺术，民族艺术包含的内容宽泛许多。在民俗美学的领域里，婚丧嫁娶、信仰崇拜、衣食住行、节日习俗等文化现象都可以归属为现实美，其美学的原始表达都与其实用功利和象征性联系在一起。而民俗艺术则逐渐与现实世界脱离了，属于纯粹的审美精神领域，其审美本质日益显露和丰富。虽然民俗艺术仍与现实生活紧密联系，并以此作为创作素材和表现对象，但它又是对现实生活提炼加工后的产物，比现实世界更具有审美意义和审美价值。在艺术美的世界中，人的本质力量的对象化得到了最充分、最集中、最完美的表现。中国民俗艺术的本质特征追根溯源就在于它的审美性。如果我们从历史、文化与美学的角度，对中国民俗艺术进行全方位、多视角的研究与探讨，就会清晰地发现这种典型而鲜明的艺术特征，它不仅真实而生动地再现了民俗风情的壮丽画卷，汇聚了老百姓对生命的强烈渴望和对真善美的执着追求，还充分展示了中华民族生机勃勃、积极向上的精神面貌，折射出民族文化的丰富多彩。其表现形式粗犷而质朴，艺术风格活泼而清新，真正做到了内容与形式的完美统一。

中国民俗艺术的审美特征具体表现在以下几个方面。

（一）民族精神的崇高体现

俄国思想家别林斯基曾经论证过，下层老百姓体现出的民族性最多、最丰富。我国人民不仅创造了古代发达的科学技术和灿烂的物质文明，还创造了生机勃勃的民间文学和民俗艺术，这是中华民族文学艺术的渊源。即使是在封建社会上流阶层被八股章句弄得疲倦不堪之时，民间也依然保持着健康活泼、清新明快的审美情趣。丰富多彩的民俗艺术风情就是我们生息在东方大地上的中华民族的精神风貌和审美意识的反映。

那达慕大会的恢宏气势显示出草原牧民勇猛豪放的性格；云贵高原的芦笙歌舞表达了苗家儿女追求爱情与幸福的美好愿望；傣族姑娘的筒裙、惠安女的短装和西藏妇女的围裙款式虽各不相同，却都能表达各族人民的爱美之心。正是因为民俗艺术来自民间，流行于民间，民族精神又主要蕴藏在下层民众之中，中国民俗艺术才最能体现中华民族的精神风貌。

（二）现实生活的壮丽画卷

艺术来源于生活，又反映生活。优美的艺术作品常常被人们誉为生活的镜子，是由于它们能够真实而深刻地反映社会生活，帮助人们认识社会生活。我国的民俗艺术产生于大众，流行于民间，是广大人民群众集体创作的产物和智慧的结晶。在漫长的艺术实践中，人们按照自己的审美意识和审美情趣，把劳动、爱情、娱乐等现实生活的场面加以艺术化、典型化，从而创造了为广大群众所喜闻乐见并长盛不衰的民俗艺术形式。在江南水乡，采莲歌舞最为优美动人。采莲船制作讲究，装饰精美，本身就是一件极有艺术价值的民间工艺品。采莲舞的表演者一般有采莲女、艄公和丑角等，表演起来幽默风趣，颇能吸引观众。此外，还有川江号子、巢湖秧歌、鄂西薅草锣鼓、广东海陆丰渔歌等，都从不同的角度描绘了人们生产劳作的场面，抒发了他们劳动欢乐的真情。在我国少数民族的各种民俗歌舞中，描绘劳动生产场面的舞蹈也很多。例如，朝鲜族的农乐舞，广西龙胜的侗族农民每到立春之际都要举行“送春牛”“舞春牛”的民俗活动，云南彝族的“阿细跳月”舞。

（三）生命永恒的执着追求

珍惜生命，讴歌生命，追求生命长久，是中国民俗艺术的底色。虽然中国自古以来宗教意识比较淡薄，老百姓眼中只有世俗生计，但是中国人追求理想的精神并不比其他国家和民族逊色。中国民俗艺术以其独特的民族风情，把中国人追求理想、追求永恒的拼搏精神表现得淋漓尽致。法国作家乔治·桑说："艺术不是对现实世界的研究，而是对理想的真实的追求。"从这种意义上讲，中国的民俗艺术在审美本质上也充分体现了这一点。在豫东淮阳县城北关，有一座太昊陵，据说这是埋葬伏羲头骨的陵园。相传伏羲、女娲结成夫妇后，就在这里抟土造人，于是便产生了人类的始祖。每年农历二月二至三月三这段时间，这里都要举行规模盛大的民俗庙会。在庙会上常常表演"担花篮"的舞蹈，其中有象征男女交媾的情节。在舞蹈达到高潮时，跳舞者要背擦背，肩挨肩，使身后的黑纱飘带相互绞合，仿佛伏羲、女娲交合一样。这是当地过去盛行野合之风在舞蹈中的反映，体现了古老的生殖崇拜和人祖庙会乞求生育的传统观念，表达了广大群众渴望生命不断延续的共同理想和愿望。

（四）稚拙古朴的艺术神韵

艺术风格作为在艺术创作与表现中自然形成的一种艺术现象，是各种艺术形式之间互相区分的重要特点。中国民俗艺术存在着与其他艺术形式不同的艺术风格，最典型的是它有着稚拙古朴的艺术神韵。

民间绘画是我国民俗艺术中最普遍、最受青睐的类别之一，尤其是年画和剪纸。年画画面往往蒸腾着吉祥的氛围，构图丰满夸张，人物塑造别致传神，形成了质朴而明快的艺术特色。民间剪纸艺术继承了我国古典美术的传统，粗犷奔放，古拙质朴，加上大胆的夸张和自由的装饰，有着强烈的艺术感染力和生命力。

中国民俗艺术主要体现一种稚拙古朴的艺术风格，这种风格的形成主要是因为民俗艺术是民间共同创造的，反映民众共同的审美理想和审美情趣，也与它在发展与演变过程中长期的文化积淀有关。

中国的民俗艺术记录了中华民族的童年之梦，更寄托着中华民族的未来之梦。我们深信，植根于中国民族文化沃土之上的民俗艺术之花一定会开得更加绚丽多姿，民俗文化和民俗美学的理论研究也一定会有新的突破和飞跃。

三、民俗文化的审美价值

从美学的角度来研究民俗文化的审美文化意义，实际上就是以民俗的内涵和形式作为审美对象，形成自觉审美过程的活动。我们从历代思想家、哲学家、美学家的研究基础上通过梳理可以看出，美是人的本质力量的感性显现，由于美的事物都是其感性形态显现出人的积极向上的本质力量，于是这些事物就能够向具备审美能力的人们放射出富有感染力的光辉，成为各种客观存在的美。这就要求作为审美客体的民俗文化必定是一种感性存在，必然具有感染人的力量，具有动态、奇特的感性形态。但是，如果我们的认识仅停留在这个层次，还是比较肤浅的，我们需要向更深层次探索，挖掘出美的特殊的社会意义和价值，使审美属性中具备价值属性。某一事物的审美属性（人的本质力量的感性显现）是人类社会价值的一种体现。因为“价值”是事物满足人们需要的必要条件，它存在于客体对象与主体需要之间的关系之中。人类社会与对象世界之间形成的最主要的价值关系包括真——认识关系、善——功利关系、美——审美关系三大类。而美不同于真和善，它主要指向人的内心，审美价值与认识价值、实用价值也是不同的。审美价值具有特殊性，主要在于对象事物的审美属性能够唤起人们对自己的肯定，从而获得精神层面的满足。这种审美价值也是客观事物的客观属性，客观存在于客体事物本身。但是，在没有具体的审美主体出现时，客体的审美价值只能是潜在的，形不成真正的审美。因此，以民俗文化为审美对象来探讨民俗文化的审美文化意义和价值，重要的是判断民俗文化是否具备审美价值，只有这样，才能在审美主体出现的情况下，主客体结合，完成审美实践。

民俗文化的审美价值可以从多方面来研究，从现代社会对民俗资源的开发利用中可以看出，民俗文化具备很高的审美价值。这种价值可以从两个方面来体现：一是民俗具象的感性形式，二是民俗具象的内在意蕴。以物质形式存在的民俗，如服饰习俗，服饰是人类的智慧结晶，也是人类区别于动物的独特的技艺。服饰具有双重民俗性格，一是遮蔽保护身体，二是装饰性。其具有历史的继承性，又有不同时代的创新。以我国为例，单从服饰习俗的产生、发展而言，从早期原始氏族部落用树叶、草或条带物来遮蔽和保护自身性器官，到有羞耻感而穿着衣物，再到区分人的不同地位以及美化自身的内在要求，这些都表明服饰习俗的变化：人们在保护身体的同时，越来越重视其美化和装饰作用。比较有影响的是巴黎时装周，各式各样新颖、独特的服饰展示了不同服饰的色彩、图案、造型等，给人以强烈的美感和视觉冲击力，整个时装周展现了独特的审美价值。以仪式形式存在的民俗事象，如节日祭祀，我国全民性的大祭祀节日是每年一度的民间祭灶。在古代民间五祀中，祭灶为大祭，每年腊月二十三为祭日，是以后发展起来的。据汉代班固《白虎通》：“夏祭灶。灶者，火之主，人所以自养也，夏亦火王，长养万物。”祭灶改为腊祭后，逐渐开始升级换代，从此灶君由火之主变为“一家之主”，总揽一家的吉凶祸福，于是祭灶的香火便旺盛起来。这和庙会、抓周、傩戏、祝寿、满月、婚礼甚至葬礼等仪式一样，程式比较复杂烦琐，道具多种多样，具有很强的观赏性，完全可以作为一种艺术形式来欣赏。所以，它们都可以满足人们的感性层面的心理渴求与审美需要，具有审美价值。

（一）民俗的审美价值

民俗属于民间文化中的一个系列。顾名思义，民间文化通常是指民俗的、大众的、老百姓喜闻乐见或传承的文化，具有浓郁的民俗性质的文化。民间文化中很大的一个分支是民间艺术。民间艺术是中国千百年历史发展过程中老百姓创造的文化，属于老百姓的智慧创造，如戏曲、音乐、舞蹈等。应该说，民俗、民间文化、民间艺术之间存在着紧密的联系，并且在很多情况下存在交叉，是不可分割的。但民间文化其中一部分具有强烈的个体性特征，而民俗却一定是集体性的，在一定的区域空间里存在着比较大的社会影响力。民间文化有的不是用来传承的，是个性表达的需要。民俗却具有很强的传承性，通过各种方式，包括口头传记而流传下来，所以有着非常深厚的文化根性。民俗在历史传承过程中存在着一定的模式，通过这种模式对民众形成制约或影响。以这些区别为标准，可以判断民间文化中哪些形式是民俗，包括：哪些是历史上曾经发生过的民俗，现在已经不流行了；哪些是现在仍然存在甚至还在流行的具有比较强大的生命力的民俗。历史上曾经出现的民俗汇聚在各种各样的物象中，而现实的民俗就存在于民众的生活中，在不断地发展变化。民俗的范围遍布老百姓生活的方方面面，从生产、生活等保证生存的物质需求到娱乐、信仰、艺术等精神生活，都有相应的民俗。民俗有多种多样的具体表现：有的以物质的形式存在，如各种产品、用品、建筑及艺术品；有的以活动的形式存在，如娱乐、表演、仪式；有的以组织或制度的形式存在，如宗族及制度、人生仪礼、岁时节俗等；有的以语言的形式存在，如文学；有的以观念的形式存在，如信仰、巫术、哲学、伦理观念等。民俗有很高的审美价值，这从现代社会对民俗资源的开发中可见一斑。民俗的审美价值可以从两个方面去看：一是民俗的感性形式，二是的内在意蕴。以物质的形式存在的民俗，如民间产品、民间用品、民间建筑及民间工艺品与艺术品，无论是房屋，还是绣花鞋、虎头帽、垫肩、荷包、鞋垫、布老虎、皮老虎，甚至是泥玩具、面人、糖人、草编、年画门神、风筝、剪纸，大都色彩鲜艳，造型有趣，图案层次丰富，形象生动，给人以强烈的美感。

（二）民俗审美价值的生成

审美价值是源于人们的审美需要而存在的。人们的审美需求是在人类的三种基本需求——生存需求、享受需求与发展需求的基础上延伸的一种特殊需求；审美需求与人的生存需求之间存在着相应的层次，也与人的享受需求、发展需求之间存在着相应的层次。也就是说，凡属于人对生命的自由的追求、对快乐的追求，都是人具有审美需求的表现。由于人的本性在社会性和精神性上表现得更充分一些，审美需求与精神享受的需求发展与这两个层面存在更加紧密的联系，它可以被认为是人特有的一种精神享受的需要，表现为人对感官、情感、心理、精神愉快的追求。所以，审美价值也包括三个基本的层次：第一个层次是与生理层次的审美需要相对应的审美价值，大多数情况下由对象的感性形式直接产生；第二个层次是与心理层次的审美需要相对应的审美价值，一般源于对象的形象；第三个层次是与精神意识层次的审美需要相对应的审美价值，由对象的内涵产生。

民俗的审美价值同样存在这三个不同的层次，对人们心灵和精神需要的满足是民俗存在和发展的深层根源，也是民俗审美价值生成的深层根源。这可以从民俗活动向审美活动的历史转变过程中得到印证。民俗中至今存在大量原始信仰与巫术成分，这些民俗在原始社会就出现了。人们还无法对自然现象进行科学合理的解释，更无法改造自然时，为了达到自己的目的，满足自己的心理和精神需求，通常采用“精神胜利法”。比如，狩猎民族的野牛舞是狩猎活动的重要组成部分，用意是利用这种形式来吸引野牛，所以他们把这种舞蹈作为工作而开展。这种舞蹈甚至要连续跳上好几天，直到野牛出现为止。英国人类学家弗雷泽在《金枝》中记载：“在印度卡纳格拉地区，少女在春天遵循一种习俗，与前面描写的某些欧洲的春天习俗极为近似。这种习俗叫作拉里·卡·米拉，即拉里的庙会。拉里是湿婆或帕婆提的一个小小的涂色的泥塑偶像。这个习俗在整个卡纳格拉地区都流行，对它的纪念完全限于年轻妇女……她们把花扔成一堆。她们围花堆站成一圈，唱着歌。一连十天，每天如此，直到花草堆已经相当高的时候。然后，她们在林子里砍两棵树枝，每根树枝头上带有三个尖，然后把它们尖朝下地放在花堆上，形成两个三脚架或两个锥形物。她们请会做偶像的人做两个泥偶像，放在两根树枝朝上的尖端上，一个代表湿婆，一个代表帕婆提。然后女孩子们分为两起，一起代表湿婆，一起代表帕婆提，按常人为这两个偶像举行婚礼。它们原来都是巫术的仪式，目的在于促使自然界在春天复苏。”

这些精神性的活动与物质活动的密切联系以它们共同的功利目的为根本，同时存在着独立的精神活动的形式。当人们进行物质活动时取得了成功——如在跳了很长时间的野牛舞后，野牛真出现了并被捕获，在祝祀活动开展之后，天气变暖了，春天来临了，自然界变得生气勃勃、绿意盎然——把这些希望出现的事情与自己的精神活动相联系的时候，他们就会认为是精神活动起了作用，从而对这些活动形式产生极大的信任与依赖。很长时间之后，人们只要看到这种活动的样式就能体会到满足感和愉悦感。为了能让自己获得这种满足感，就会一直开展这些并非是实际生产的活动，这时的活动就变为审美活动而不是巫术活动了，更不是工作了，因为人们是出于审美需要而去进行这种精神活动的。

现今很多民俗活动仍然存在历史的痕迹。陕北秧歌、关中社火最初起源于祭祀，属于一种庙会文化，这是祖先崇拜、原始宗教、人为宗教、祭祀、巫术、占卜、禁忌等习俗的集中体现，一直到现在还存在着。陕北鱼河镇正月十五元宵节的庙会，成群结队的秧歌队都是先到城隍庙祭拜城隍及各路神仙，然后上街或到宽阔的地方闹秧歌。实际上，这种形式更是一种习俗、一种成人之间的游戏、一种艺术的雏形、一种审美活动，祭拜只是一种徒有虚名的形式而已。

当然，民俗作为一种社会文化现象，也存在先进与落后之分。先进的民俗是指那些对社会民众有积极影响作用并产生影响力的民俗，它总是展示生活中的真善美，或描绘美好的前景，鼓励人们追求美好的事物和积极的生活，推动社会发展、前进。落后的民俗则恰恰相反，它展现的总是生活中落后甚至丑恶的一面，并助长这种落后或丑恶，阻碍社会发展。落后的民俗对社会存在巨大的负面影响，因此自古以来，先哲大贤都非常重视移风易俗的作用。司马迁在《史记》中就把河伯娶妇这种典型的恶俗放于《滑稽列传》中并加以批判，《汉书·董仲舒传》中要求“变民风，化民俗”。只有先进的民俗，才具有审美价值，才可能产生美。落后的民俗是不可能产生美的，因为美与真、善密不可分，美体现着真善美的统一。

（三）民俗审美价值发掘的当代意义

21 世纪，研究和挖掘民俗审美价值具有特殊的意义。第一，结合国内情形分析来看，民俗审美价值的研究与挖掘对我国当前及以后长期的和谐社会建设有着特定的意义。建设和谐社会需要一定的物质基础，所以社会发展要坚持以经济建设为中心。民俗审美价值的研究与发掘对经济建设发挥着积极的作用，它是“文化经营”的一个重要方面，是文化产业的重要分支。在我国很多省区市的广阔大地上，特别是偏远山乡农村，距离现代文明较远，却往往是民俗传承与保存较好的地方，如果具备开发条件，完全可以促进当地的经济发展。我国社会提倡以人为中心，促进人的全面发展，更重要的是对人心灵与精神的关怀，满足心灵与精神方面的内在需求，特别是审美需求，构筑人的美好精神家园。从这个意义上来说，民俗可以起到特殊的作用，它能满足人民群众多层次的审美需求。任何民俗形式都可能在原有的基础上发展成为一种审美活动，即便是原本看上去具有迷信意味的民俗，如敬神、祈祷等，在现代社会发展过程中由于褪去了那一层单纯信仰的成分而体现出了相对纯粹的审美意义，只代表一种对生活理想的追求。被认为是封建迷信的一些民俗仪式，如祭拜，原来的意义也日渐消失，只是留下对先人的追思和惦念；还有那些原来是娱神、娱鬼的活动，现在已经演变成为一种娱人的活动，能给人们带来无尽的欢乐，激发人们创造幸福生活的信心和力量。这种精神家园的构筑，特别是对人的信心与热情的激发，具有非常重要的意义。信心与热情是人们执着地投入自己事业的前提，而和谐社会建设需要调动一切积极因素，激发全社会的创造活力和全国人民的激情投入。第二，结合世界发展形势来看，当前处于经济全球化的过程中，民俗审美价值的研究和发掘同样发挥着极其重要的作用。全球化不仅是经济的全球化，必然也会给文化带来巨大的影响。在全球化的过程中，发达国家的自然科学知识、先进科技、物质文明成为人类可以共享的宝库，社会科学与人文科学中的不少内容也可以互相借鉴。文化呈现出一种全球性的态势。这种全球性的态势使各个国家、各个民族能学习更先进的事物，在学习中会对现存生活进行反省，引发政治和经济制度的革新，同时使文化呈现出多元化的发展趋势。特别是生活中大量的不需要制度规范的文化传统，在全球化时代并没有统一规则，就给人提供了更多的选择。艺术、审美就是这样的领域。因此，文化的多元化也是全球化的必然结果。然而，文化的多元化并不等于文化的全球化，因为各国、各民族的文化都存在自己的特点，这种特点是使国家生存、发展并独立的特有资源，也是一个国家、民族的标志。

所以，文化的多样化是以文化的独立性为必要条件的。如果文化全球化了，都是一种形态，那就不再是独立性的文化，也就没有文化的多元化了。如果那样，人类丰富的精神世界就得不到满足，社会就是畸形发展的了。民俗表现出了非常丰富的文化底蕴，每一种民俗内涵都有几百年、几千年乃至上万年的丰富的历史信息含量。所以，民俗是最能体现民族特色的，是民族文化之根，是民族精神的基础，它最体现出文化的独特性。因为文化的特色来自民众并构筑为悠长的传统。因此，民俗审美价值的研究和发掘对坚持在全球化背景下保持文化的独特性具有重要意义。

（四）审美文化意义

既然民俗文化具有审美价值，它在具有审美文化所要求的四个基本特征的同时，划归为审美文化的一部分，那么其在审美文化方面就具有非常重要的意义，可以分为以下几个方面。

第一，从审美文化角度发掘民俗的潜在价值，有利于美学和民俗学自身的发展。民俗活动的超越世俗、此岸而趋信仰与彼岸，求得生活多姿和生命永恒的乐生精神，可以成为审美同质化、模式化等现代审美异化的批判基质，唤回美学中久已忘却的感性生命活动以及蕴藏在感性生命活动中的变异、新奇、抗争、痛苦等崇高美学精神。在民间广为流传并相袭成俗的多种艺术形式，包括民俗音乐、歌舞、戏曲、曲艺、杂技、绘画、剪纸、雕塑、建筑以及其他各种民间工艺美术等民俗艺术，表现形式粗犷质朴，艺术风格活泼清新，有着浓厚的乡土气息和生活情趣。从民俗美学理论的角度，对民俗艺术的产生、发展与流变，对民俗艺术的文化精神和审美特征等问题进行研究与探讨，不但有利于民俗理论体系自身的建设与发展，而且对中国美学学科发展的本土性、当代性建设不无裨益。

第二，从审美文化角度发掘民俗的潜在价值，有利于弘扬传统优秀文化。审美的感性形式萌生于民众原初的感性生命活动。民俗作为先民感性活动之一，承载着先民的心理企盼和生活样式，物化为民众的礼仪程式和行为惯制，始终契合于美之合规律性与合目的性，蕴含着审美的因子，表现为一种“有意味的形式”。民俗活动作为一种民众自由自觉的创造和享用活动，对民众的心性养成具有重要性。优秀的民俗文化融合社会理性价值观和个体感性生命形式为鲜丽审美外观，成为民众所喜闻乐见的休闲和娱乐艺术形式，使民众进驻其中获得自由而不问缘由。可以说，民俗作为一种鲜活的文化样式，其现代价值与意义皆在于通过巨大的审美想象重新唤回对传统优秀民俗文化价值的体认与信仰，重塑现代人的审美和人生理想。美学由此与民俗学联手参与现代社会国民性之重建。

第三，从审美文化角度发掘民俗的潜在价值，有利于和谐社会的建立。党的十六届三中全会明确提出要“坚持以人为本，树立全面、协调、可持续的发展观，促进经济社会和人的全面发展”，党的十六届四中全会的决定进一步提出“要适应我国社会的深刻变化，把和谐社会建设摆在重要位置”。由此可以看出，坚持科学发展观，建设和谐社会，是我国当前社会主义建设的一个宏伟目标，它是以我国改革开放的巨大成就为基础，以当代中国和世界日新月异的发展变化为背景而提出的，也是人类始终追求的理想社会。在“和谐社会”这一目标中，最本质的内核是以人为本的思想。和谐社会的建设就是为了使人生活得更为自由、幸福，更为全面地发展自身，实现自身价值，充分享受和谐社会的成果。

要做到以人为中心，促进人的全面发展，就要先让人的物质生活得到极大的丰富。建设和谐社会需要物质基础，要坚持以经济建设为中心。日常民俗文化审美价值的发掘对经济建设起着积极的作用，它是“文化经营”的一个重要方面，是文化产业的重要组成。而文化产业的繁荣和发展是精神文明建设的重要组成部分，它对和谐社会目标的实现有巨大的促进作用。民俗作为一种文化现象，是民间民众的文化资本，它同经济资本一样，也存在一个流通、传承、积累和提高的问题，也是衡量一个国家综合国力的重要标志。今日之民俗更多是通过展现审美形式，通过审美形式的昭示，实现以美启真、以美导善、增强民众凝聚团结的社会功用。因此，只要民众日常生活常新，就有民俗活动之感性形式常新，就有民俗审美理念之常新，就有民俗活动价值与意义之永恒。

第四，从审美文化角度发掘民俗的潜在价值，有利于旅游的发展。日常民俗文化中的旅游审美与对自然风光、名胜古迹以及旅游地的文化艺术的审美欣赏一样，都是异地的跨文化的审美欣赏活动，是高级的精神享受。由于民俗文化更多是通过人作为文化的载体进行传播的，在旅游审美过程中旅游者更多地通过与当地民众的接触与交流来感受和体验民俗文化美的内蕴，在这个过程中，民俗文化的审美价值通过审美主体的不同审美感受和体验迸发出来，带来新的意义。

一是新奇的审美体验。日常民俗文化旅游作为异域的跨文化审美活动，是在完全新鲜的环境中亲身体味异乡情调的生活，感受从未接触过的奇异风俗，对旅游者来说，这是完全陌生、新奇的审美体验。例如，西方旅游者的北京胡同文化旅游，穿行于曲折的胡同之中，聆听着发生在各个胡同的古老故事，停留于四合院之中，与北京居民共同品茶，共同欣赏京剧票友们的表演……给他们的是完全不同于高楼大厦、汽车如流、商店广告如林的都市北京的全新的体验。异域的全然不同的生存和生活时空的新感觉、新奇而神秘的习俗风气引起的陌生感受，这些都激发了旅游者的审美兴趣，引发了旅游者的愉悦情感，推动了美感的深入。陌生新奇的审美体验不但给旅游者以难忘的深刻感受，而且促使旅游者去了解产生“奇异”民俗风情的历史原因，了解民俗文化的丰富内容。

二是亲切的情感沟通。无论是对自然景观还是对历史古迹的旅游欣赏，都是旅游者单向度的审美活动，而在民俗风情旅游中，旅游者直接进入旅游地的生活环境之中，参与当地群众性的民俗活动，与当地人民群众进行面对面的交流和沟通，使之成为双向度的审美活动。无论是在北京的胡同中穿行，还是在广西桂林阳朔西街漫步，或是参加彝族的火把节、傣族的泼水节，或是参加蒙古族的那达慕大会，旅游者感受到的不仅是新鲜的景物，更多的是接触到亲切热情的人们，在特定的环境氛围中与他们交流情感，体验异域的文化特色。在民俗旅游中参与。多为轻松愉快的休闲、娱乐活动，对绝大多数旅游者来说，这样的参与并没有什么政治性、经济性或学术性的功利目的，而是以情感愉悦作为主要目的。旅游者以平等交流的意识和心态去参与民俗文化的整个审美活动，排除在功利性的跨文化交流中常出现的紧张的心理障碍，消除构成歧视行为的定型观念、偏见和先入之见。虽然旅游者对当地民俗文化的体验和与当地人民之间的情感交流最初都处于较浅的感性层次，但正是有了这使人内心愉悦的感性体验的良好开端，才推动了旅游者对当地文化和当地人民的深层理性认识与理解。

第四节　民俗文化美学的任务

民俗美学作为一门独立学科，它的任务总体来说有三项内容：第一，充分认知、深入挖掘民俗美的客体存在；第二，充分掌握民俗美的审美主体的意识活动；第三，充分利用民俗美的内部机理和发展规律，指导人们的民俗审美意识和审美活动，为人类文明的发展能动地形成自觉的调控，找到并掌握自身的规律。

关于民俗美的客体存在，正如前面探讨的，是与人类文化史同步发展演进的产物，对民俗的认知也自古就有，“古天子观风而知政”就是这方面的佳例。而对民俗所具有的能够引起和调动人们积极性、创造性的审美情感，也就是对民俗所具有的美感性质的探讨与认知，却是最近几年才被人们偶尔有意识或无意识谈论的内容。有没有民俗美的客体存在是不用争论的问题，怎样才能达到对民俗美的认知，而且是全方位的认知，这是民俗美学需要着重解决的课题。

很长一段时间以来，民俗美作为客体存在，只对其存在的形式部分进行了认知，也就是只被认知为民俗，而没有认知到它之所以存在这样或那样的形式所反映的合理内核，也就是它的美具有什么样的实质。美可以说是人类一切文化存在并得以发展演进的终极目的。实际上，美是作为一个历史概念来运用的，它常表现为一个历史形态，伴随人类历史的发展而不断被赋予新的内容和形式，而人类的发展史本身又是发现和发展美的历史。也就是说，正是美的历史本身成了人类发展的历史，人类的历史是按照美的规律或按照美的要求来创造和发展的。人类历史每向前迈进一步，都是按照美的要求或追求来付诸实施的，某一种发现被实施而成为人类的历史，随之，人类会又按照美的要求或追求去创造新的历史，这本身又是美的历史的新的发展过程。在这里，可以用人类的服饰发展史来阐释这个问题。服饰的起源和形成过程历来有很多说法；有一部分人认为服饰的发明是人类产生羞耻感以后的产物，穿衣服的目的是为了遮蔽身体的某些部位；有一部分人认为人类发明服饰是为了保暖御寒，几乎全是为了实用的功利目的；还有一部分人认为完全是为了美观。对于最后的观点，自然是现代文明的心理和眼光对人类服饰早期形成的一种推断，这同遮蔽羞耻部位说一样，难以从根本上说明问题的实质。它是人类服饰发展史上某一重要阶段的产物，这一阶段可能很早、很古老，但并不是它最早的阶段和最古老的动因。在原始社会，自从发明、制造了简单工具，人们就能够用骨针将树叶、树皮、兽皮等连串起来而披在身上，在当时的条件下，自然是非常简陋的，不具备袖子之类的繁杂形式。他们穿在身上的目的或者说最根本的动因是保护身体，如保暖御寒，打鱼时避免被树枝、山石或水草等划破，不被蚊虫叮咬，等等。至于人类早期的服装为什么只护住腰部和下部，也无非是因为这些部位穿上衣服以后比起其他部位最不妨碍身体的行动。从另一方面来说，可以保护住最容易受寒的脐部。从这个意义上来说，人类最早的服装的形成，源于人类自身的实用性要求。从人们普遍发现了这种实用功能以外，又发现了它的“善”和“美”的作用，自此之后，就开始普遍地采用并逐渐地发展它，从而最终发展成为现代人类服饰的款式。把握住民俗美的审美主体意识，是把握民俗美作为一种客体存在之所以产生主体因素的良好机会。人类为什么会发现并创造出民俗美？人类作为审美主体是根据什么标准或者参照物来进行这种创造的？它受哪些方面的影响和制约？我们只有通过民俗美学的全方位研究才能给予合理的解释。

综合来看，人类一切文化的发展史都是按照美的规律来创造的，同时按照美的规律塑造和发展着自身，而且以此为终极目的。人类的活动历史地看都是一种创造，但共时地看和部分历时地看是一种模仿。人类的历史全部是创造和模仿之和。作为人类的创造来说，是一切模仿的前提，作为人类的模仿来说，却又是一切创造最终成为一种被认可的文化的前提。人类的创造有的可以成为被认可的文化，有的却不能，这是因为它不符合人类的审美观的判断的缘故。按照人类的审美观，合乎他们需要的创造就被认可和模仿，成为一种流行成俗的文化产物，不符合的自然就被淘汰。在这个规律面前，人类也就必然和必须大多都去从事这种合乎其审美需要的创造了。一旦这种需要达到了部分或普遍的满足，那么部分或普遍的对一种新的创造的需要，也就必然被提到议事日程上来了。至于这种新的创造能否被认可和接受，那就有赖于人类普遍的或相对普遍的审美观的判断，这才有了源远流长的人类社会的文明历史。而这种人类普遍的或相对普遍的审美观正是我们所说的民俗美的观念。

因此，在民俗美学里，应该对民俗美观念的产生和发展的动因及其活动规律做出回应，以确定全部民俗美作为一种美学对象在人类文化产物中所占的位置，以便把握全部民俗美作为一种人类文化产物的发生、发展规律，由此实现民俗美学所要完成的第三个任务，即最终的任务、终极目的，能动地、自觉地对人类的精神文明和物质文化的发展实现有效的控制和指导，使其符合自身的规律，避免人类文明史上一些有意或无意的挫折和失误。

第二章 民俗文化美学宏观探析

第一节 影响民俗文化美学的范围与领域

一、地理因素

地理是与各民族人民生活息息相关的一门特殊学科，这种特殊不仅体现在它把自然和人文二者有机地统一在一个研究领域（人地系统的范围内），还在于地理学的研究对现实生活中的人们存在独特的审美价值。21世纪，随着社会的发展，人们越来越清晰地意识到人类应当与自己生于兹、长于兹的这个世界保持一种和谐共生、共同发展的密切关系。人们是从人类近代以来对技术理性的极端崇拜所导致的恶果中发现了这一重大规律，而且人类在历史中为之付出了沉重的代价。人类生存环境的不断恶化促使人们不得不去反思人与自然的关系，顺应自然，调整和改变自己对这个世界的基本观念和态度。有机体的思想将取代已有的盲目开发的观念，抛弃原来对我们只是具有工具价值的实体论的观念，采取理性的选择。走向区域共同体甚至人类共同体，我们不仅需要通过科学理性去探索和丰富自身关于地表空间的知识体系，还应该加深我们对它的认识。为保障人类的可持续发展，我们还需要通过道德理性所依据的规范性的事实阐明人在其中的责任和义务，从而建立适当的规则。同时，需要审美理性帮助我们唤起对地表事物的爱和赞美，从而激发对生活的热爱。

地理学是一门研究人类存在及其演变规律的基础科学。它为我们解析的不仅是一些这样或那样的物理事实，由于地理学所面对的研究对象正是一个完整的、神秘的人地系统，所以它一方面显示了人作为一种物类存在于地表空间内的实际地位，另一方面深刻揭示了人与地的关系。这也决定了人们赖以生存的地球表面既是满足人类所必需的物质和能量的源泉，也是一个满足人类精神需求的源泉。

科学告诉我们，人类赖以生存的这个地球表面就是地理学贡献给我们的一个现实的“物质－精神”家园的科学界限。这个科学上的界限对我们来讲具有重要的意义，这种意义先表现在地理学作为一门特殊学科的价值越来越受到人们的重视。地理学作为一门研究人类存在的基础科学，当它兼容并包地将自然和人文同时归入一个统一的研究对象的坐标中时，它对人类的现实而深远的意义就被显著地呈现在人们面前了。更进一步来说，在人类可持续发展的这个重大问题上，地理学必将做出属于自己学科的独特的更有价值的理论贡献。地理学对人们实现生活的意义还表现在它所具有的不可替代的美学价值。近代科学自起源以来，在大约400年的时间中取得了非常迅速的发展，不论人们的物质生活还是精神生活都得到了巨大的改善，但是仍有一个无法回避的问题：在人类获得这种巨大成就的同时，自然界在人类眼中的地位在不断下降。人们对技术理性疯狂攫取甚至盲目崇拜，致使自然界几乎完全沦为人类随心所欲的牧场，甚至成为自然餐桌。人类对技术理性的崇拜所带来的恶果正在显示出来，用一系列代价来警示人们，也就是文化进化或所谓的创造性的文化活动正在把我们引向一个十分危险的境地。从这个层面而言，就像德国著名的地理学家赫特纳所说的，地理学在人类精神生活的自然科学与人文科学这两个原本不搭边的学科之间架起一座桥。这使地理学这一科学部门具有了特殊的价值。这种沟通并不止于地理学把自然和人文统一在自己的学科研究对象这一点上，地理学是通过这样的有机统一完整地描绘出一幅人类生存于其中的那个现实的地球表面的科学图谱，由此使我们去感受它对我们生活乃至存在的真正意义。这种意义的一个重要方面就是我们不再把这个地球表面仅仅看作是一个没有生命意义的物理空间，在地表空间中存在的各种事物，从本质上来说，它们是以彼此之间相互联系的方式构成一个有机的整体，从而与我们的生存活动发生着重要的相互作用。这种作用一方面使人类作为一个物种生存于这个空间中时，获得了存在的必要的物质基础；另一方面使人类产生了独有的也是不可缺少的对美的内在需求，获得了一个极其丰富的对象性的源泉。所以，我们生存于其中的这个地表空间以及万事万物已经不能单纯地被看成是供我们享用的“免费午餐”了，而是更应当研究它们对我们的无限丰富的审美价值，这是人类的更高级追求。

从地理学中我们所看到的不仅是一幅关于人类存在于其中的地表空间的科学图景及其规定性，而且地理学通过关注和强调对地表事物多样性的保持和发展的意义，从而使我们感受到由此带来的那种只有人类才能够欣赏到的美丽的画面。一般来讲，我们对自己生存于其中的这个地表空间的各种地理事象的美或做出的美学评价，都是来源于人的一种内心体验。各种地理事象本身并不具有美的性质，事物的所谓的美是与每一个人或评价主体看待事物的独特方式以及教养、想象力、情绪或心境等诸多因素有关的。赫特纳在讨论美学地理学的一般概念和原则时说，第一个根本性的事实是美的主观特征，或者一般地说是美学价值的主观特征，而美学价值不仅可以表现为狭义的美，还表现为景观的庄严、伟大、明朗、优美。现在，人们相当普遍地相信，这些性质不存在于自然界，而是人类带入自然界中去的观念。只有这样，才能解释为什么美学评价在不同的时代、不同的民族、不同的教养阶层的不同的人是有变化的，甚至同一个人在不同年龄和不同的时刻，根据他的心情和外部环境，也有着变化。这些特性给予感觉的影响，即一种美学的判断，并决定美学的评价。但这种说法并不表明我们所获得的美的感受或体验与各种地理事象是毫无关联的。事实上，地表环境及它的所有构成物成为美的体验的基础。比如，地表空间中的各种不同的人文景观是诱发我们产生美的体验的内容，没有它们，我们大概永远不会有那种难以言表的令人心驰神往的净化心灵的美的享受。它们对丰富、升华我们的精神生活太重要了。在自然界中，孤立的美是不存在的，这就是说对任何一个单独的事物，如果我们想要对它进行审美活动，事实上都是不可能的。因为仅就某一个事物而言，我们不能做出任何可能的美学评价，而事物所谓的美，是建立在比较的基础之上的。只有通过不同事物之间的比较，审美主体才有可能感受到事物的美。所以离开了比较这个前提，也就无所谓事物的美的存在。那么，为什么说我们必须通过地表空间中事物之间的比较，审美活动才能够得以进行，进而才能产生美的感觉呢？确切地说，是根源于地表事物的多样性特征的存在。之所以说这是一种合理的解释，是因为我们通过一个简单的反证法，就能够得到一个肯定的结果。假如地表空间中的事物是单一的，或者它们存在的种类、样式是少数的，那么通过感官刺激给我们造成的心理映象就是乏味的、单调的。失去了事物存在的多样性，我们的思想和情感也就失去了可供自由飞翔的心理活动的空间，这样的世界自然就是一个不能产生美的体验的世界！

事实上，地表中事物数量的多少并不是一个重要的事情，单纯数量的多少对我们的审美活动没有任何意义，因为单纯的数量不能满足我们进行比较的要求。只是由于地表事物丰富的多样性特征的存在，才为我们进行这种比较提供了客观基础；也正是由于这种多样性的存在，美学地理学的客观基础才有了真正意义上的保证。多样性就是美学地理学的客观基础，如果没有事物的多样性的存在，人作为审美主体的可能性也就不复存在，因为没有了多样性这个客观基础，事物之间的比较便是不可能的，也就不能发现每个存在着的事物的独特性，这样人的审美活动自然也就无从展开。地球是我们的家园，家园是美丽的，这个家由于有了地表事物的多样性，我们才有了美的感受，才有了绵延不断的诗歌、音乐、绘画、歌唱……我们的精神家园才不再苍白。尊重、保持和发展地表事物的多样性，对今天的人们来讲，是一件刻不容缓的任务。对于整个宇宙来讲，地球不过是浩瀚星辰中一颗普通的天体，但对生活在其上面的所有生命（尤其是人类）确实是非常重要的家园。地球对于人类的意义便是构成了人类赖以生存和持续发展的基础。地球是人类的家园，也是地球上其他生命的家园。从审美理性的角度看，在地理学意义的前提下，把地球真正视为地球上一切生命的家园，是人类进行自我关照的一种最深切的美学体验和评价，也是在哲学意义上的一种自我超越的实现。

自人类社会在地表上出现以来，直到近现代，人的理性中得到高度发展的部分就是它的科学的或经验的理性。可以说，人类存在便是由科学理性直接标志出来的，它构成了人类生存与发展的基础，使人获得了越来越广泛的生存活动空间，这一直成为人类自我赞美的重要内容。然而，在人的科学理性得到不断发展的同时，人的道德理性和审美理性却表现出了发展上严重的滞后。这大概就是导致人类在地表上的活动不能得到控制的一些更深层次的原因。从地理学的终极关怀或区域共同体的实现来讲，最大的障碍就在于人的理性发展的不平衡性，这一切都有赖于人的道德理性和审美理性的不断提升和完善。从这个意义上讲，地理学可以为这种提升和完善做出自己特有的贡献，那就是它将从科学的角度深刻发掘和展示地表事物美的客观基础以及保持和发展这种美的条件，进而为人的活动提供美的原则，深刻阐明地表事物对人类生存的美学意义和价值，这是地理学工作者一项持久的重要任务。

二、经济状况

物质文明与精神文明不能对立，经济学与美学不宜割裂。

人类的审美创造包括两个各自独立又相互联系的范畴：经济活动与艺术活动。用自然主义或科学方法研究美学的流派首推快乐主义，它把审美经验看成真善美的统一，看成某种类型的外部观察和内部感受，即为自己和别人所喜爱并带来快乐。这主要是指满足人们的精神需要方面，以视听造型或诗文想象来实现这种满足，扬弃邪恶、陶冶情操，是艺术的功能。而主要从满足人们的物质需要出发，以物品和劳务的生产、分配、交换、消费来实现一般类型的审美，为人们生存、享受和发展提供喜爱和快乐的，则是经济活动。经济活动为人类的社会实践和心理结构提供客观的存在基础，包括艺术在内的审美取向则为人类的发展进步和素质品位的提高提供主观的上层建筑。回顾人类活动的历史，经济发展的历程和艺术发展（即狭义美学发展）的历程既分离又交织。早在古希腊时代，先哲们就已经按照美学原则审视经济现象。柏拉图在《理想国》中想用强制的办法把货币固定为单纯的流通手段和价值尺度，而不让它成为货币本身，书中还提出“什么是美”，这是较早对役金和拜金做出美学界定的一种尝试。亚里士多德师承此说，对经济这种有限的“谋生术”和货殖这种无限的“赚钱术”做出区别，并从“受人憎恨”或“受人爱戴”、从“违反自然”或“合乎自然”这种伦理原则和审美标准，来评议洪水期前信用行为的得失。在漫长的中世纪，欧洲美学沦为神学的奴婢。托马斯·阿奎那认为上帝是至美的，时间则是至美的上帝赋予公众的财产，利用时间差索取利息的高利贷是对上帝和公众的欺骗。他从美的和谐出发，提倡“公平价格”，反对贱买贵卖，使经济学与美学在经院哲学的基础上达成一致。文艺复兴为包括美学在内的欧洲文化带来了发展和繁荣，而其社会背景则是从中世纪走向近代的经济发展与繁荣。由于“在 14 和 15 世纪，在地中海沿岸的某些城市已经稀疏地出现了资本主义生产最初的萌芽”，才有了众多宫殿、寺院和教堂的建筑和装饰，才有了佛罗伦萨和威尼斯这样的艺术名城。意大利美学家科西莫便是一位经营致富的银行家。而后黑格尔把美学的对象界定为广大美的领域，说得更精确一点，它的范围就是艺术。直到马克思，在《1844年经济学-哲学手稿》中，才又把经济学与美学联系起来，以物质生产实践这一基本形式去解释美的根源。经济活动作为物质生产，是在实践中复现自我；艺术活动作为精神生产，是在意识中复现自我。人类通过经济活动和艺术活动，“以一种全面的方式”“占有自己的全面的本质”。

在我国先秦诸子百家中，不乏把经济与美联系起来思考的先例。孔子所谓“绘事后素”，有把经济作为艺术底色的意思。子贡把“宗庙之美”与“百官之富”并提。孟子认为“充实之谓美”。庄子则把天地这种自然资源作为“黄帝、尧、舜之所共美”，把“身安、厚味、美服、好色、音声”作为“天下之所乐”。荀子认为自然资源一旦充分开发利用，就可做到“天之所覆，地之所载，莫尽其美矣”。

按照当代经济学家达成的共识，经济学应该研究自然资源的配置和劳动产品的分配，研究如何组织流通，协调供给，满足消费需求，而这些和美学原则应是一致的。充实是美，贫穷不是美；发展是美，迟滞不是美。劳动创造了美。劳动者应该通过审美创造，全面地占有美，包括物质美和精神美。狄德罗把美的品质视为关系的和谐，包括秩序、比例、配置、联结、匀称、适度等范畴。这和我们常用“持续·稳定·协调”“改革·发展·稳定”等组合形式作为经济活动的规范要求也是一致的。经济的改革和建设要从无序走向有序，不要短缺或过剩，不要膨胀或停滞，张弛要合乎节奏，此增彼减要保持比例，这就提出了按照审美标准实行配置、组合、控制或调节的任务。《短缺经济学》的作者亚诺什·科尔内曾把资源的配置方式或产品的调节机制划分为四种类型，分别使用暴力、行政、市场、道义四种手段。而这四种手段并非同步配套的，而是依次递进的。战争或掠夺等暴力手段终将由指令计划等行政手段所取代，供求和价格等市场手段又比单纯的行政手段更有力量，由市场的盲目趋利到道义的自觉约束将使调节的主客体协同一致。经济研究者、决策者和操作者的协同，观察思考、规划设计和市场运行的一致，犹如画家从“眼中竹”到“胸中竹”再到“手中竹”，昭示着美的认识过程和建造方向，即实践自由与意识自由的一致，合规律性与合目的性的一致。从经济再生产的各个环节看，每个环节都有相应的美的内涵，各个环节之间也应按照美的形式对接耦合。

（一）生产美

生产美体现在生产条件、生产过程、生产成果等方面。美的生产条件有利于劳动者的安全、健康与效率；美的生产过程有利于劳动者才能的施展和技艺的发挥；美的生产成果在农牧社会着重产量的丰饶，在工业社会乃至信息社会则着重质量的优良，使用户赏心悦目，合口满意。

（二）分配美

分配美包括产前的资源分配和产后的成品分配。资源的分配美指人尽其才、地尽其利，指人和自然的和谐，生态环境开发、利用、保护和改造的统一。成品的分配美指需要与奉献的兼顾、公平与效率的兼顾，指人际和谐，以廉洁取代贪婪，以谦让取代争夺，从先富后富走向共同富裕。

（三）流通美

流通是从总体上看的交换，包括商品流通、货币流通等周转过程。商业的储运美不是野蛮装卸、脏乱堆贮，包装美既非优瓤劣壳也非玉外絮中，广告美是不搞秽言裸体、坑蒙拐骗，铺面美、柜台美、售后服务美是要做到诚信待客、童叟无欺，进一步使商品资本和货币资本实现有序转换，空间并存，时间继起，突破壁垒，顺畅周流，从而消除买难和卖难，沟通数量与价格，衔接需求与供给，呈现抑扬顿挫的旋律节奏。

（四）消费美

在消费水平方面，慷慨与奢侈、节俭与吝啬有美的界定；在消费内容方面，物质与精神、商品与劳务有美的结构。由于审美个性的差异，同样商品对不同的人有不同的效用。满足并引导不同的消费心理和消费习惯也是美的建造的命题。

三、社会运行

民俗学家钟敬文指出："民俗即民间风俗，指一个国家或民族中广大民众所创造、享用和传承的生活文化。"民俗上升到文化的层面即是民俗文化，从一般意义上讲，民俗和民俗文化是通用的，都是指民俗这一民间文化事象。我国民俗文化丰富多彩，从社会的民间活动到相应的社会关系，再到上层建筑的各种制度和意识形态，几乎都附有一定的民俗行为。改革开放以来，我国在引进西方国家先进的科学技术与管理方式的同时，西方国家的生活方式和文化观念等也一同涌入国门。由于我国科技与经济发展水平的相对落后，造成一部分人不恰当的文化自卑感，致使情人节、圣诞节、愚人节等“洋节”逐渐流行，许多青少年甚至一些大学生严重缺失关于我国民俗文化的知识素养，没有了过传统节日的热情和兴趣，却一味追逐西方文化，热衷于过“洋节”。这样下去，我国民俗文化就有断代失传的危险。钟敬文说：“我们要牢牢记住我们国家的性质和历史，记住我们是拥有大量文化遗产（其中还有无价之宝）的国家，记住我们的主体性——我们在引进外国文化问题上的自主性、主动性！在对待这个严肃的问题上，我们固然不能表现出民族自大狂，但也绝不能做民族文化的虚无主义者！”民俗文化是沟通民众物质生活和精神生活，反映社区的和集体的人群意愿，并主要通过人的行为规范作为载体进行世代相习和传承的生生不息的文化现象。以文化形式表现出来的有关民间生产、生活、文艺、娱乐、礼仪、宗教、信仰等风俗，都属于民俗文化的范畴。在构建和谐社会的大潮中，本书试从社会学角度分析我国民俗文化在人的社会化、社会互动、社会整合、社会控制等方面的积极意义。

（一）社会化

社会化是指个体在与社会的互动过程中逐渐养成独特的个性和人格，从生物人转变成社会人，并通过社会文化的内化和角色知识的学习，逐渐适应社会生活的过程。人刚生下来的时候只是一个生物的人，没有思想，没有知识。人是怎样从一个生物的人演变成一个社会的人呢？最重要的原因就是人一步步地接受了文化。在人由生物人转变为社会人的过程中，文化起着举足轻重的作用。从文化的角度来看，社会化被看作是一个文化传递和延续的过程，社会化的实质是社会文化的内化。作为文化的重要组成部分，传统民俗文化对人的社会化起着不容忽视的作用。当个体出生后，他便存在于由民俗文化构成的民俗网络中，受到特定模式和规范的塑造。在成长的过程中，经过习俗化训练，个体被塑造为特定社群习俗的承载者和享用者，从而推动自己的社会化。民俗文化的教化、模塑功能是在潜移默化中发生的，具有影响深刻、持久的特点。例如，尊老爱幼、乐于助人、讲孝道、重承诺是中华民族的传统美德，也是社会主义精神文明大力提倡的道德风尚。在民间口头文学的传承中，长辈通过唱歌谣、讲故事，将这些美德灌输于后辈，在温馨欢快的气氛中完成教导，获得最佳效果。

（二）社会互动

中国传统民俗文化中许多优良的民俗事象和民俗传统，尤其是在5 000年历史发展过程中形成的那些好的礼俗与道德规范，对社会互动乃至国家、民族凝聚力的形成起着无可替代的作用，对社会发展和社会稳定也起着无可替代的作用。在日常生活中，我们经常与各种各样的人打交道，要么是对他人采取行动，要么是对他人的行为做出反应。这种社会交往过程就是社会互动，又称为社会相互作用或社会交往作用。一般来说，社会互动是指社会上个人与个人、个人与群体、群体与群体之间通过信息的传播而发生的相互依赖性的社会交往活动。个体的社会化离不开与他人的互动，在互动中才能发展出个性与自我。不仅个体如此，社会也是在社会互动中形成的。我国传统民俗文化，尤其是民俗节日为社会互动提供了一个极好的平台。比如，传统节日春节，从进入腊月开始，家家户户修整房屋、洒扫庭院、刷浆扫房，年夜饭、守岁、拜年等这些节日风俗为家人间感情的交流及人际间的交流提供了良好的契机。在个体成员之间，每一位个体可以在参与传统民俗文化活动中与其他个体或群体进行相互作用的社会互动；在个体与群体之间，在组织之间，人们可以充分利用春节这样的传统民俗节日，同家人、朋友以及周围的邻居、同事进行交流与互动，充分表达对他们的情感与美好祝愿，从而加深彼此间的感情，形成良好的社会互动。例如，在传统社会人们的时间意识中，岁末年初这一时候是一个旧死新生的危机阶段，人们要想平安度过就必须采取特别的方式。在以家族为基本组织的中国社会，家族是人们最可依靠的共同体，依靠家族力量应对过渡时间不确定性的担忧是人们首选的方式。在年节期间，全家人无论远近一律回家团聚，“一年不赶，赶年三十晚”“有钱无钱，回家过年”。只有回家同祖先与亲人一起过年，人们才可能获得精神依靠。在关门团圆时，家庭老幼互相关爱，晚辈“称觞上寿”，给长辈祈福，长辈给晚辈压岁钱。压岁钱古称压祟钱，就是要压制邪祟，帮助晚辈安全度岁。在这样的过渡性的特殊时刻，家人的团聚使家庭伦理情感得以升华。度过阈限之后，先祭神，然后就是家族内部的拜年庆贺，过渡仪式中生成的家庭内聚精神力量足以维系与支持这一家族延续与发展。

（三）社会整合

社会不同的因素、部分结合为一个统一、协调整体的过程及结果就是社会整合，亦称社会一体化。它是与社会解体、社会解组相对应的社会学范畴。社会整合的可能性在于人们共同的利益以及在广义上对人们发挥控制、制约作用的文化、制度、价值观念和各种社会规范。民俗文化的地域性和民族性特点告诉我们，某个区域或民族所共有的民俗文化以及群体对民俗规则的共同遵守往往使该区域和该民族的成员拥有和养成共同的行为规范、是非标准、价值取向和审美情趣，因此也更易于结合在一起，更有助于社会整合，具有较强的群体凝聚力。某一个区域、民族的风俗越趋于一致，其凝聚力就越强烈，对群体成员产生的向心力也就越大。在中国数千年的历史长河中，我们的祖先创造了极其丰富的民俗文化遗产。异彩纷呈的民俗文化融合成为中华民族的民俗风貌。发掘和整理优秀的民俗文化，有助于发扬优良传统，弘扬民族精神。比如，传统节日春节就是一个突出辞旧迎新、团圆平安、兴旺发达的主题，是营造家庭和睦、安定团结、欢乐祥和的喜庆氛围的全球华人共庆的节日，它表现出中华民族的认同与凝聚的“根”作用，为社会成员提供了心理归属感。中国以及世界上各地的华侨、华人在同一时间、不同地点共同庆祝，充分显示了文化上的高度认同。民族存在的一大特点就是表现在文化上的共同心理归属。春节活动一年比一年红火，说明中华民族的凝聚力一年比一年强大。此外，还有其他各族人民独有的节日表现出地域性的整合认同，如傣族的泼水节、彝族的火把节、壮族的歌圩节、苗族的花山节、蒙古族的那达慕大会等。

中华民族是一个有着悠久爱国传统的民族，对自己的祖国具有一种深厚的感情，民俗文化为爱国主义提供了形象教材。例如，屈原与端午节，虽然史实证明并不具有渊源关系，但长久以来，民众的意愿、情感却更愿意将之附会其中，寄托对伟大爱国者的赞颂，倾注对祖国的深爱之情。我国作为一个多民族国家，汉族和其他兄弟民族都创造了本民族丰富多彩的民俗文化。各民族民俗文化的交流和融合在加强民族联系、促进民族团结方面发挥着重要作用。在东南沿海地区，民俗文化（如妈祖文化、祭祖文化、节日文化等）的开发，利用民俗文化上的认同感，有助于增强两岸人民的民族感情，推动两岸文化交流、经济互动，有利于增强中华民族的凝聚力，是有助于社会整合的。在历史上，聚族而居 300 余年家族兴旺的“天下第一家”德安陈家只有在中国这样的国度才会出现，这不能不说是传统民俗文化的重要影响。

（四）社会控制

社会组织利用社会规范对其成员的社会行为实施约束的过程就是社会控制。

社会控制有广义和狭义之分。广义的社会控制是指社会组织体系运用社会规范以及与之相应的手段和方式，对社会成员（包括社会个体、社会群体及社会组织）的社会行为及价值观念进行指导和约束，对各类社会关系进行调节和制约的过程。狭义的社会控制是指对社会越轨者施以社会惩罚和重新教育的过程。任何民俗文化一旦形成，便有一种约定俗成的习惯力量，规范着人们的行为、语言、心理，具有不成文法的约束力和威慑力。在法律、纪律、道德和民俗这四种社会规范形式中，民俗虽然是一种软控制，最不易察觉，但是一种最有力、约束面最广、最为持续有效的深层控制。民俗规约渗透在人们日常生活的方方面面，它的潜在影响力是巨大的，使民众在日常生活中自觉遵守民俗的规则，按照民俗的规则要求做什么或不做什么，并且用民俗的规则去评价自己或者别人的行为，从而使人们形成比较一致的行为、思想、价值观念和是非观念等。任何社会都是一个不断变化的社会，不断出现的变化破坏或干扰着社会系统的稳定性。在这种情况下，民俗作为一种世代传承的具有稳定性、控制性的文化，便成为一种社会稳定力量，可以使社会系统十分有效地消除振荡和干扰，从而保持稳定形式和基本一致的适应方式。民俗文化的稳定性使其在社会变革时期仍然保持着相对固定性，进而保持社会一定的连续性。同时，民俗文化是一种具有开放性的系统，在社会变迁中又会自动摒弃大量不能适应新环境的旧民俗，并将各种新因素纳入自身原有的体系之中，经过选择、吸收、融合，达到一种新的适应，从而有效地防止了文化的断裂，有助于社会的整合，确保了社会发展的稳定。所以，民俗文化在规范民众行为和维持社会秩序等方面起着重要作用，对一个国家或民族亲和力的形成和构建和谐社会能够产生巨大的影响力。

四、宗教与礼制

（一）宗教

宗教与民族是两个不同的概念，分属两个不同的范畴。宗教属于上层建筑，是一种社会意识形态。它们既有联系又有区别。宗教与民族的联系就是宗教的民族性，每一种宗教的产生总是同某些民族的社会历史条件联系在一起的。正如恩格斯指出的：“伊斯兰这种宗教是适合东方人的，特别是适合阿拉伯人的，也就是说，一方面适合从事贸易和手工业的市民，另一方面适合贝都英游牧民族。”伊斯兰教的创立与阿拉伯地区的地理环境、经济生活有着紧密的联系。由于宗教对一些民族的社会生活各方面影响深广，同民族问题交织在一起，宗教问题在一定的条件下就变成了民族问题的一部分。

民俗是一个民族在物质生活、精神文化和家庭婚姻等社会生活方面的传统，是各族人民在长期历史发展过程中形成的风尚习俗，它反映了民族的特点和形式，反映了一个民族共同的心理感情，是构成民族“表现在共同文化上的共同的心理素质”这一特征的重要组成部分。民俗具有传承性、社会性、自发性等特点，是民众自发重复的行为，由某些指令所规定的行为在演变为民众自觉行为前，虽已广泛流行社会，但也不能列入风俗习惯之范围。宗教作为一种意识形态，虽然对信仰它的民族的社会生活各方面有着深广的影响，与这些民族的民俗有着密切的联系，但其与民俗还是有很大区别的。

宗教与民俗的联系表现如下：在几乎全民信仰宗教的民族里，人们的衣食住行、文化节庆、婚丧嫁娶、生儿育女等民俗虽不属于宗教教义教规，但由于宗教属意识形态的范畴，它会渗透到人们生活的各个领域，使某些久远的风俗也掺杂些宗教的色彩。例如，住房是各民族人民所必需的，由于民族风俗习惯的不同和生活地域条件的不同，建筑风格各异。信仰伊斯兰教的民族住房从建筑形式到装饰除有自己的传统特点外，在一定程度上也或多或少带有些伊斯兰教的特色。但从新疆南、北、东疆同一民族的建筑、装饰看，仍有很大区别，如伊犁地区离俄罗斯近，就或多或少地受到了俄罗斯建筑风格的影响。哈萨克族等少数民族的传统节日那吾鲁孜节是辞旧迎新的喜庆活动，本与伊斯兰教无关，但由于这些民族信奉伊斯兰教已久，这类传统的民族节日中也能看到伊斯兰教的影响。有些民族风俗习惯来源于宗教，但随着历史的进程，逐渐演变为民间的普通习俗。汉族的腊八节和蒙古族的那达慕大会属于这类风俗习惯。腊八节是汉族人的传统节日，时间是每年的农历十二月初八，十二月是腊月，故谓腊八。这天是佛成道的日子，也叫成道节。相传释迦牟尼成道前，游历名山大川，探求人生哲理，十二月初八走到今印度比哈尔邦的尼连河附近，累饿交加栽倒路旁。一牧女见状供给午饭，使其得以静坐菩提树下，得道成佛。此后，佛门弟子便于腊八诵经、熬粥供佛，以示纪念。由于民间争相仿效，久而久之腊八节吃腊八粥相沿成习，人们忘却了“成道节”这一名称，腊八节也失去了宗教的色彩。

蒙古族的那达慕大会源自萨满教的祭敖包，是蒙古族的传统节日，每年夏秋季择日举行，现在已失去了萨满教的色彩。节日主要活动有摔跤、赛马、射箭、歌舞等。随着经济社会的发展，又增加了物资交流、贸易洽谈、招商引资等内容，活跃了农牧区文化生活，促进了蒙古族经济的发展。由此可见，宗教与民族风俗习惯关系错综复杂，联系密切，但它们毕竟属于两个不同的范畴，它们的区别如下。民俗涉及社会生活的各个方面，比宗教信仰更具有广泛性。每一个民族在社会生活各方面都有自己的风尚习俗，内容丰富多彩，充分反映了各民族的特点。而宗教对民族或民族风俗习惯的影响主要局限在宗教教义教规范围内。以汉族为例，同一民族中有人信仰佛教、道教、天主教、基督教等，多数人不信教，信奉不同宗教的群众生活习惯只是部分因受宗教教义教规影响带有一定的宗教色彩，但大多数风俗习惯同不信教的人是一致的。这些受宗教教规影响而带有宗教色彩的生活习惯因为有很强的指令规定性，并未成为民众的自觉行为，因此根本就不是汉族的民俗，也不能反映汉民族的特点。多民族信仰的同一种宗教，教义教规都是一样的，但这些民族的风俗习惯各不相同。同是几乎全民族信仰伊斯兰教的我国维吾尔族、回族等少数民族，他们在社会生活方面的风俗习惯是不相同的，虽然他们的信仰是一致的。由于受宗教的影响，他们的部分生活习惯已趋于接近，但我们还是可以通过他们各自不同的风俗习惯分辨出他们是哪个民族。例如，这些民族在服饰上就各有自己的特点。

由于生活的地理环境和经济文化发展水平的不同，同一民族的风俗习惯往往也有很大的差异。这方面突出的例子就是汉族。南方与北方、山区与平原、海岛与大陆、省与省之间风俗习惯就有很大的不同，有些甚至同住一个地方仅隔一条河或一座山，风俗习惯就有许多不同之处。我国新疆维吾尔族的风俗习惯在南疆与北疆、地区与地区间也有不同程度的差异。正所谓“百里不同风，千里不同俗”。宗教自形成后，其本质和教义、教规基本就没有发生什么变化。而民族风俗习惯则随着各民族政治、经济、制度的变革，科学及文化的发展逐渐发生着变化，一些被淘汰了，一些有了进步和发展。汉民族的传统节日春节历经 2 000 多年沧桑，发生了很大的变化，封建迷信的成分被淘汰，健康、文明、喜庆的成分传承下来，并得到发展，真正成了人民欢庆的节日。蒙古族的那达慕大会过去是祭山神、路神的，被封建王公贵族所把持利用，现在则成了促进民族团结，丰富民族文化生活，促进经济发展的盛大集会。

宗教是颠倒的世界观，是支配人们日常生活的外部力量在人们头脑中的幻想的反映，它带给人们的是对生活、自然的失望、绝望、无可奈何，是对“上帝”的依赖，是对“来世天堂”的憧憬。它对社会的作用总的来说是消极的。而各民族的风俗习惯里虽然也存在消极、落后的东西，但多数还是健康、积极、向上的，而且随着各民族政治、经济、科学、文化的发展，社会的进步，那些消极落后的东西会被逐渐淘汰，进步的、积极的风俗习惯将不断得到发展、继承、发扬光大。各民族优秀的风俗习惯在过去和现在都对民族经济和文化的繁荣起到了积极的作用，构成了中华民族精神文明的辉煌历史。各民族的风俗习惯是在一定历史条件和自然环境下，经过漫长的历史时期形成的，它反映了各民族的民族感情、民族意识、民族心理，是各民族特点的重要组成部分。正确对待各民族的民俗，其中也包括那些带有宗教色彩的风俗习惯，是关系到尊重民族感情、民族平等、民族团结的大问题。尊重各民族的民俗，就要积极支持、提倡和发扬光大那些有利于各民族经济文化发展，有利于社会主义精神文明建设的风俗习惯，并尽可能地根据各少数民族的生活习俗，生产供应富有民族特色的物资和商品，满足他们的需求。各少数民族在文化、娱乐、体育等方面的风俗习惯绚丽多彩，要积极组织，正确引导，充分尊重，慎重对待。

民俗在各民族人民的感情中地位十分重要，具有强烈的敏感性。忽视或不尊重民族的风俗习惯，会被视为对一个民族的歧视与不尊重。各民族的民俗的保持与改革，由各民族人民根据自己的意愿来决定。对于那些不利于群众身心健康，影响生产，影响民族团结和社会主义精神文明建设的落后习俗，则要正确引导各族人民在自愿的基础上逐步进行改革，不能用行政命令的方式强加于人，否则，将会给民族团结、社会稳定、经济发展造成不必要的损失。

（二）礼制

中国是将礼与政治紧密结合并将礼制度化加以论证和运用的。礼与制度几乎有同等的地位。在西方，至少在英国，礼只是被融入制度和日常生活之中，并没有等同于制度的强制性特征，这是中西礼仪文化最重要的区别之一。其实，无论中国还是西方，礼仪最初都是生活的直接需要，无所谓“俗”与“制”。人类自进入了群居状态，就必定要依靠一定的相互习惯的适应方式来维系，否则人们就不可能成为一个集合体。这种相互适应的、大家公认的原始行为习惯逐渐成为固定的模式，这就是礼俗或风俗，约定俗成、潜移默化是习俗生成传衍的一般特性。正如司马迁所言：“人道经纬万端，规矩无所不贯。”

在原始社会尚未出现阶级阶层分化的时候，人们依靠自觉遵行的“俗”维持群体的稳定与安全，用原始的仪式活动调节人与自然、人与群体、人与人的各种关系。先秦统治者往往在观风问俗的基础上制礼作乐。随着人类群体生活规模的扩大、国家的出现，传统家族内的行为规范已不能适应社会的需要，制定统一遵行的礼仪制度势在必行。先秦思想家荀子对礼的起源描述得非常清楚:“人生而有欲，欲而不得，则不能无求；求而无度量分界，则不能不争。争则乱，乱则穷。先王恶其乱也，故制礼义以分之，以养人之欲，给人之求。”荀子认为，礼的设立在于节制人的欲望，约束人的行为，使合乎社会秩序的欲求得到满足。荀子已认识到礼的规范性与服务性意义。也是在这个从自发到自觉的发展过程中，礼与俗出现了分野。其区别如下：俗是民众自发形成的行为习惯，具有纷繁的复杂性特点；礼是自上而下有意识修订的一套社会行为规范，其中贯穿着特定的整合社会的理念。礼较之于俗具有更规整严密、适于甚至要求全社会遵守等特点。民俗是礼制生成与推行的基础，这就是人们常说的“因俗制礼”。因此，历代统治者出于社会控制的需要，强调礼义原则，重视礼仪制度的引导与示范作用，以教化或强制的形式，使人们自觉遵循礼制的约束。“化民成俗”成为大小官吏的治政目标。在统治阶层不遗余力地灌输下，传统社会的礼仪制度大多成为人们生活中的行为规范。同时，一些礼制化为民俗，这与中国古代家族势力通过家法、族规对礼制的维护有关，古代社会的家礼是国家礼制精神与庶民日常生活的结合。在家国一体的政治格局下，家族制度上升为国家礼制，然后又由国家礼制下降为民间家礼俗规，礼制与礼俗相互渗透。

礼仪是全社会普遍认可的基于风俗、礼俗、礼制的一般行为规范，它不完全等同于风俗、礼俗与礼制。风俗依然是具有明显的民间特色，在特定范围内为人们所认可的行为规范。礼俗是介于礼制与风俗之间的概念，也是礼仪中最活跃的部分，其中一些内容正逐渐成为全社会普遍接受的礼仪，一些内容则逐渐退出人们的生活而成为历史的记忆。礼制则是成为法规或政策的那一部分礼仪规范。

中国传统的礼文化将礼仪这几个层面的含义混淆使用，过分强调一致性，这有利于国家的高度统一，却忽略了个体的个性需求。在近代历史中，其弊端已显现得非常明显，这也提醒我们在当代新的礼仪文化研究中避免笼统模糊现象的出现和蔓延。

礼仪本来是为了让社会生活更加和谐有序而存在的，社会生活本身被分成了不同的领域，社会应当有共同的道德领域及其行为规范，但也因为不同领域的性质和社会责任的差异，在礼仪的具体运用上有差异，如果我们将民间风俗与礼仪制度混淆起来，则很容易出现混乱的现象。所以，在当今的语境下，应当对礼仪的研究划分出不同的领域，明确其范围，使这门具有强烈实用性价值的学科能够得到良好的发展。

第二节 民俗文化的种类与美学观念

民俗可分为三类：一是物质民俗，即日常生活民俗，包括居住、服饰、饮食、生产、交通、交易等；二是社会民俗，即行为民俗，包括家庭、家族、村落、民间组织、岁时、人生仪礼等；三是精神民俗，包括巫术、信仰、宗教、禁忌、口承语言民俗、民间游艺、竞技等。

一、日常生活审美化

（一）日常生活审美化概说

在日常生活中，我们几乎无时无刻不在面临着、体验着一种审美化的倾向，如建筑的装修、环境的绿化、家居的布置、颜色的搭配以及城市广场、购物中心、超级市场、街心花园的美化，乃至小到一个图钉的包装等，无不透露出一种艺术化、审美化的特征和趋势。

在美学理论界以及传统美学中，美一直作为抽象、玄奥的代名词而出现，在“日常生活审美化”“审美日常生活化”命题讨论的影响下，这个“最莫名其妙的事”正在揭开其神秘的面纱。回到日常生活世界来重构美学已成为许多美学家不懈的追求，美学理论逐步开始走出“象牙塔”，走向了日常生活世界。作为一个外来概念，“日常生活审美化”问题已经在中国学术界产生了很大的反响，掀起了更迭不断的争论热潮。不管争论的结果如何，“日常生活审美化”已成为一个现实性问题，是中国审美文化发展中不可忽视的重要命题。结合我国的实际情况，“日常生活审美化”与民俗文化是既有联系又有区别的。一方面，民俗作为日常生活内容的重要组成部分，其在吃、穿、住、行方面的习俗都是人民日常生活的体现；而在现实生活中，“日常生活审美化”的发展，使民俗也被艺术化、审美化。另一方面，“日常生活审美化”与民俗文化是有区别的。我们所说的“日常生活审美化”，不是古典意义上的那种以美的态度对现实的观赏，这仅仅存在于主体的心灵中，并没有真正外化于现实中去建构或改变现实。而“日常生活审美化”的出现和发展，是一种审美的泛化，是随着社会走向正规，随着经济主导地位的确立，人们开始真正关注自身，开始具体关注现实的日常生活，并以感性审美的形式享受着属于自己的日常生活，这表明的是审美主体的变化。而民俗作为审美对象，其在审美主体变化的时候，审美价值必然随着新的审美主体的出现而变化，凸显其新的审美价值。

民俗文化在民族发展过程中的重要作用决定了我们不能绕开这一事物来单独研究审美文化，而只能在目前这个大背景下，通过审美文化的发展以及“日常生活审美化”理论的发展来揭示民俗文化的审美文化意义，进一步完善我国的美学理论。

20 世纪 90 年代以来，中国的文化和审美风尚出现了由启蒙模式向消费模式的转变，人民大众习惯于以一种直截了当的方式去寻求现实生活中的愉悦快感。有学者曾分析其产生的原因：第一，我国社会生活体制从计划经济向市场经济的转变，导致了审美的产业化和商品化；第二，现代大众传播媒介的发达和普及，大大促进了审美信息传播的快捷、大量和过剩；第三，人们生活中闲暇时间比重的快速增长要求提供更多的娱乐化产品或过程，这必然迫使审美变得日常生活化或娱乐化。于是，人们越来越不满足于纯审美，而是渴望美在生活、实用、通俗和商业的基础上展现自身，美成为日常生活本身的组成部分。一方面，以往的纯审美被泛化到文化生活的各个层面，日常生活体验成为审美的重要资源；另一方面，日常文化生活也趋向于审美化，有意无意地将审美作为自己的标准，泛审美倾向尤其明显。而仅从“审美”或“美学”一词的认识来看，其表示的是一种独立于日常生活之外的艺术活动。审美创造出一个不同于实际世界的所谓的“第二自然”，是超然于庸俗、乏味的人生的伟大的精神体验。“感性的精神化、它的提炼和高尚化才属于审美”，“它表达一种超脱的立场，与粗俗感性形成一种距离，升华而向感性的更高形式”，这是传统意义上的“纯审美”。20 世纪中叶以来，情况似乎发生了变化，出现了一些新的文化景观。正如美国文学批评理论家杰姆逊所描述的那样：到了后现代主义阶段，文化已经完全大众化了，雅俗的距离正在消失，文化已经从过去那种特定的"文化圈层"中扩张出来，进入人们的日常生活，成为消费品。因此，"纯审美"越来越不能吸引人们关注的目光，审美趋向于生活化、实用化、社会化和商业化。

随着审美研究的深入，我们可以发现今天的审美活动已经超出所谓纯艺术/文学的范围，渗透到大众的日常生活中。艺术活动的场所也已经远远超出与大众的日常生活严重隔离的高雅艺术场馆，深入大众的日常生活空间，深入民俗文化中。民俗文化作为人民日常生活的重要组成部分，其所包括的物质生产习俗、物质生活习俗、社会组织习俗、岁时节日习俗、人生礼仪、民俗信仰、民间文学等，都将为日常生活审美化提供审美对象，促进日常生活审美化的发展，这为民俗文化的研究提供了新的思路。

（二）"日常生活审美化"与"审美文化"

"审美文化"在当今中国学术界是一个充满歧义和矛盾的概念。广义的"审美文化"可以包含与"审美"这个概念有关的一切，实际上把传统意义上的审美经验和观念问题统统包含了进去；狭义的审美文化则指传统审美活动之外的扩展了的审美经验问题，这个含义往往和另一个概念"日常生活的审美化"联系在一起。许多学者注意到，中国社会生活自20世纪90年代以来出现的一个重要变化是审美与日常生活的关系越来越密切：大规模城市建设和改造的基本趋势是美化环境——现代化、舒适化、娱乐化、绿化、亮化等，城市中个人的生活需要和生活方式也从物质需要的满足越来越转向符号性、形象性、娱乐性需要的追求——休闲、旅游、美容、健身、娱乐等。"审美文化"或"日常生活审美化"的问题因此成为现实经验提出的新的理论命题。

从朱立元的《"审美文化"概念小议》来看，他从两个方面分析了"审美文化"。第一，从"审美文化"这个词的词性来说，"审美文化"一词是一个"形容词＋名词"（偏正结构）组成的合成词。词的主体部分是"文化"，"审美"乃是对"文化"修饰和限定，"文化"是一个范围很大的概念，而"审美"只是其中一个方面的一个部分、一个层次、一种形态，也可以说一个阶段。"审美"把"审美文化"从"文化"的大范畴中分离出来，给予了明确的限定：它是文化的一部分，但只是文化的审美部分。这是仅就词语结构分析所得出的对"审美文化"概念的最基本理解。第二，以此为起点，把"审美文化"表述为具有一定审美特性和价值的文化形态。对这一方面的分析尤为重要，概括起来有以下四点。其一，感性意象性。“审美”这个词是由“美学”转化来的。而“美学”的原义就是研究感性认识、研究感觉和情感的科学，因此“审美”直接包含有感性的、情感的意义。一个事物具有审美性，它应是感官能直接把握、感受得到的，这应有外在的意象性或席勒所说的“外观”。否则，就无法被鉴赏、感受。其二，无功利或超功利性。康德指出：“鉴赏是凭借完全无利害观念的快感和不快感对某一对象或其表现方法的一种判断力。”这一观点在西方影响深远，直至当代。用是否具有实用功利性作为审美性或与非审美快感的分界线。其三，心灵自由性。一大事物若有审美性，当它与人处在特定的审美关系或审美状态中时，它就能使人感到一种心灵的自由。所以，心灵的自由性、无限性也是审美的基本特性。第四，精神愉悦性。一种不同于纯粹感官快适的精神愉快。这同前几点密切相关，正因为审美不涉及利害关系，心灵自由自在，它引起的不是停留于肉体、感官的快感，而是超越、升华的怡情悦神的精神愉快。以上四点可以作为衡量一个文化产品或事物是否具有审美特性和价值的基本尺度。如果具备这四点，则可纳入“审美文化”范围，否则不能算“审美文化”。

通过对民俗文化的分析可以发现，民俗在具有传统性、强烈的地方特色等特征的同时，还具有娱乐、教育等功能。民俗使人民大众从出生开始，无须学习，便从生活中承袭了这种文化的传统，使之成为生活的一部分。因此，在人们以审美的眼光来审视民俗的时候，他们可以自由、轻松、毫无功利的心态来享受民俗带来的令人愉悦的感性形态。由此，从上述对“审美的特性与价值”的理解和特征的概括可以进一步推出与验证，日常民俗文化是具有审美价值的，其在具有感性意象性、无功利或超功利性、心灵自由性、精神愉悦性的同时，符合审美文化的要求。所以，可以将其纳入“审美文化”范围，对其从审美文化的角度进行分析。

二、行为民俗的审美思想——以音乐行为为例

（一）音乐行为与民俗文化的传承

民俗文化传承也就是音乐的传承。但文化不是僵硬的，而是具有多样性、融合性和变异性等特征。所谓传承，大多不是单线进化发展的，其间充满了多

义性、多样性。文化之间的差异所导致的冲突、分离、调和、涵化等都表明文化在现实中的复杂性。时代、环境、人、事件等因素都可能使某种文化在传承路途中偏向十字路口的另一方。比如，人类学者田野工作行为中的“双向性”行为就是一例。有田野工作经验的人都知道，田野工作者在学理上实际上不可能做到完全客观，原因是作为一个“他者”进入社区可能会在相互交往中影响此地人们的观念。在现实的田野工作经验中常有这样的报告，当地人会逐渐选择一种迎合外来者（调查者）需要的方式来言说他们的传统，甚至可能会出现由这种无意识的迎合发展为有意识的引导。

在当今“非遗”时代，政府行为的介入也可能会改变不同民族传统音乐在文化上的隐喻与象征的文化蕴含，其“能指”与“所指”、其文化的含义极可能发生变化。所以，在“传统遭遇现代”的今天，研究者有理由在社会变革期间以更大的热情研究民间艺术在整体社会变化下所受到的转型影响。对民间艺术在现实中的现状进行预见、批评和建议，以学术的方式思考、协调各种矛盾关系，尽管这样的诉求在一定层面上已经超越了学科传统的知识结构。音乐的传承在历史文化演变中或者因为不适应造成的文化冲突而消失，或者是因为适应而不断融合，也就是说，文化的传承多具有选择性，或者更直接地说，当我们言说“传承”时就意味着文化的演变，这在历史的发展中并不鲜见。以江南为例，从历史发展看，宋元以后，随着全国政治格局的演变和政治经济逐渐由西向东转移，作为汉唐音乐象征的宫廷教坊乐舞渐趋势微。不过，紧跟着城市商业经济的发展和市民阶层的不断壮大，传统音乐却在民间演进而得到多样化和多层次的发展。比如，戏曲、曲艺、民歌中的小调等由于其适于城镇的音乐形式渐成主流民间音乐。汉唐宫廷乐舞的势微、明清城市戏曲曲艺的勃兴，这些都说明音乐的传承很难离开社会文化环境而独立发展。站在历史角度，我们很容易观察到生存和文化环境的演变对民间音乐有着直接的影响，其中最根本的传承环节是依靠人的音乐行为。特别是在人口迁徙时代，音乐更是跟随人口的流动而传承、演变与发展。比如，明代中期以来，随着社会结构的变化，城镇得到发展，大量农村人口流入城镇。城镇不仅为市民阶层提供了生存空间，也接纳了乡村劳动力以及劳动歌曲。又如，扬州清曲原初为明清时期民间民俗音乐，随着人口流动、文化演变，很多地方同类音乐受到其不同程度的影响，这种现象在中国传统音乐中比较常见。比如，湖北“恩施扬琴”、广东“广东南音”、江苏“徐州琴书”、四川“四川清音”、云南“洞经音乐”、湖南“常德丝弦”、河南“大调曲子”、江西“九江清音”、贵州“贵州文琴”、湖北“襄阳小曲”等。这种大范围的影响不是音乐本身能够完成的，很大程度上是伴随着人口流动的文化传播问题，各地所受到的影响在文化上都存在一定程度的融合、涵化现象，并逐渐形成了新的音乐品种。所以说，“传统音乐必然随着它周围的社会及文化运动而改变”。

在音乐传承中，民俗背景对艺人身份的认同同样有着重要作用，这似乎也是民间音乐艺人区别于专业音乐家的标志。艺人的身份不仅依靠其表演的才华，也依靠所处的社会文化语境对他们的身份预期。在传统社会中，艺人“不是在想表演的时候表演，而是在习俗、传统或共同利益要求表演的时候表演，这些共同利益包括乐队、协会、村镇社群或他们为之击鼓的国家和酋长的利益”。在艺人的身份获得认同的基础上，文化的传统性和艺术家的创造性也应当是一个不容忽视的问题。我们常常会在田野工作中遇到这样的场景，有的人会很热情地说：“你们怎么现在才来？我们村最好的一个艺人已经去世了。”人当然会去世，我们需要明白的是，今天研究的所谓民族民间音乐或者是传统音乐大部分是在历史发展中不断构建出来的，而且是在不同的文化空间，以各种各样的文化理由构建的。不可否认，某些时候一些民间艺术家自身的创造性改变了某种音乐的发展方向。但是，这其中的文化成因是复杂的。大多数情况下，创造性和传统性之间的关系是微妙的。一些民族民间音乐的消失很可能是因为文化融合而变迁为新一类音乐，也有可能是因为文化冲突导致消失的。所以，“没有简单地从传统向现代的进化过程，只有扭曲的、间歇性的、无条理的运动，这种运动有时趋向于过去的情感，有时又否认过去的情感”。而这种变化并不是直接观察到的人与人之间或人和社会之间相互作用，甚至也不是直接记录或堆积社会事实，而是人们在历史发展中，当其面对文化变化、社会转型时，以隐喻和转喻的方式来传达或领悟彼此的信息和意义。

活动于社会生活之中的音乐行为本身建构着民俗文化符号，在文化符号的基础上，象征性地阐释着文化的意义。同样，文化背景对于新音乐形式的诞生有创造性的动力作用，而这种文化背景又总是具体类型的人来以某种行为方式实现其人文诉求的。比如，对于“江南丝竹”的形成，有学者指出：“这是一个地域化的知识分子音乐家、高修养清曲家群体‘致雅’追求的‘雅集化’过程。”在现实中，这类具有高修养，并且用致雅的方式追求雅集化氛围的乡土文人，其心中诉求更可能是关乎精神信仰、文化阶层、身份认同等。如果按照功能主义角度讲，文化追求是目的，音乐表现是手段。

在现实生活中，民间的艺术家还在不断地创作创造，但传统和创造之间依然存在着矛盾。在一定程度上，传统规训着创造，也会压制创造，同时创造会不断地摆脱传统。

民间音乐的即兴性本身就是变异。就生活来讲，变异是创造的动力和传统的生命力。这两者虽然矛盾，但能让我们更理性地看待民间音乐的变与不变。某种意义上，也正是存在变化，传统才拥有传承的动力。从现代文化观念讲，以城市时尚文化为社会主流的大众情节对于主要依存于乡间的传统文化是缺乏情感交融与体会的。民间音乐就是在这样的环境中发展的，所谓“民族音乐的传承与发展”也是在这样的文化语境中前进的。

（二）民俗文化对音乐行为的影响

“牛排效应”是美国著名人类学家萨林斯举过的一个例子。“在美国，牛排依然是最贵的肉，尽管其绝对供应量大大超出人们的食用量。穷人食用较便宜的肉，这些肉之所以比较便宜，是因为它们在文化上被视为是不好的肉，而不是因为它们像经济学家所说的供应量太小。在美国文化的餐饮模式中，核心的肉类消费品是牛肉，牛肉是一种性的代码，即男子气概，其起源可以追溯到古代印欧那种把牛看作男子汉气概的传统认识。”既然是供大于求，为什么还很贵？萨林斯在其中看到了文化在人类社会生活选择中的决定性意义。因为美国人觉得吃牛排或者牛肉是高贵的象征，而诸如内脏等则不然。这个例子说的是一个文化选择的问题，也就是说，我们不能忽视文化在我们现实生活中的作用，而这正是音乐学研究中常常被忽略的。对生活的看法并不是受特定物质条件决定的，相反，人们对生活的看法决定着人们物质生产、交换和消费方式。所以，萨林斯说：“对于人类而言，并不存在未经过文化建构的纯粹的自然本质、纯粹的需要、纯粹的利益或纯粹的物质力量。”文化可形容为“看不见的手”，既抽象又具体。环境、经济生活方式及相应的社会与政治体系之间的关系是社会发展、转型的重要因素，而促使这一系列现象出现的，则是文化在人们潜意识中的作用。具体到音乐人类学对民族音乐的传承与发展、理解与阐释层面，我们可能面临的问题是对人类学方法理论学习得还不够的现实问题。如果我们身陷固有思路，那么我们对于思考民族音乐的传承与发展这样的重大问题可能会存在相当距离，还不能进行较好的学术统合。在对民族音乐的传承与发展这一课题的研究中，音乐行为应当成为音乐人类学进入民族音乐传承与发展研究的一个重要切入点。也就是说，音乐行为是以显性状态揭示处于隐形状态的文化；或者说，文化是通过音乐行为得以具体表现的。文化对于音乐往往具有根基性的作用。比如，乡村集镇每年都有庙会，一个庙会在当地往往具有很大的影响力，甚至是当地的一个经济支撑。届时八方香客纷至沓来，摆供、进香、礼拜。为了娱神娱人，往往又会摆设神台、戏台，渐渐积俗成习。

就民间生活中的艺术、音乐而言，其常常不能脱离文化环境而独立发挥作用。现场的演员、观众都在文化环境中拥有自己特定的音乐行为。在已有的研究或相关事件中，还有不少现象是将音乐行为与社会文化分割开来的。比如，某些现象尽管符合当下传媒时代的特征，但在与文化的关系上，使生活舞台化的具有“原生态”意义的音乐失去了本真样态。鼓掌的观众大多出自好奇的热情，只是关注其外在形式，问题在于形式并不是唯一的，现实的合理性未必符合历史的逻辑性，形式的文化虚无并不能从虚无处得到解释。格尔茨曾说：“对文化的分析不是一种寻求规律的实验科学，而是一种探求意义的解释科学。”在这个层面上，以个案的方式通过对音乐行为的关注、观察、梳理与研读是对音乐现象进行文化解释的重要道路。人类学就是以个案讲人类的故事，通过人类学家的田野工作提供了不同社会文化背景下的政治、经济、文化、艺术等个案。这就不像以往的传统学科那样以归纳为主，整理出一条条“放之四海而皆准”的规律。实际上，未来的研究应当是越来越少做归纳，越来越多地包容文化差异性。

（三）音乐行为对民俗文化之象征性意义符号的建构

对于音乐人类学来说，其研究不仅是对表象的、有意识的音乐形态的解读，更是对隐而未显的文化内涵与社会情绪的阐释。凡是有意义的行为，都是具有象征性的，广泛的民间音乐活动亦不例外，通过对音乐行为的解读，赋予音乐象征性。所以，文化研究是对隐喻的阐释，就像美国人类学家格尔茨所言：“意义只能‘储存’在象征中”。音乐本身是符号性和象征性的，声音本身必须通过符号完成它的隐喻。隐喻也暗示了“能指”与“所指”之间的任意性，意义通过音乐行为有了具体的形象或声音而获得一种释放。没有对“所指”的解读，即没有对符号性意义的解读，“能指”也就没有意义。也就是说，声音表现出的是某种隐喻，象征某一个东西，但“能指”与“所指”这两个系统并不是完全对等的，在文化的符号中具有随意性与偶然性。这就好比是在不同的文化情景中，对于音乐的认同也是不一样的。转喻是阐释隐喻在现实世界中的合理存在性。如我们解释琵琶扫弦，说这很像雷鸣，是因为雷鸣是现实生活中人能想象得到的。对于音乐而言，转喻的世界是易变的，人所处的场景也在不断地变化。作为人对隐喻的阐释，总在现实社会中根据场景的变化而变化，像万花筒一样，而意义是在场景中与变动中不断被揭示的。

因此，也没有哪一种声音的意义是凝固不变的。音乐有其丰富多样性，在其文化的象征性中，关乎生存和死亡、喜乐与悲苦、希望与绝望、信仰与世俗、意义与空洞以及作为整体的意识与作为碎片的无意识之间的对立、互补或转换，这一切都是作为人类基本的情绪、情感而存在的。音乐行为是社会行为的一部分，包含着对社会文化的模仿、反映，对社会心理的暗示、解读等，因而不能仅仅将其看成是一种技术性的行为。文化往往是以象征的方式通过符号以某种特定思维和行为模式予以表达，在社会活动中音乐常常成为一种文化身份的识别标志；或者说，文化是历史上留下来的存在于符号中的意义模式，是以符号形式表达的前后相袭的概念系统，人们借此交流、保存和发展对生命的认识。比如，在“江南丝竹”音乐活动中，乡土文人雅士们通过音乐行为所呈现的文化身份的识别以及其所蕴含的社会身份的象征性等，都是实例。“人们通过音乐来区分本村和邻村，音乐反映着社会组织和政治组织、经济行为、宗教活动以及社会的其他结构性分支，而且从某种意义上来说，这样看来音乐对文化的形态方面起着象征的作用。”这对于深入理解音乐的含义形成了更多的挑战，但是更全面地将音乐放在整体性社会文化环境中予以考量，这显然有利于更完整、更深入地理解音乐的象征性与文化内涵。对于民族音乐的传承与发展来说，其研究所呈现的意义也更为丰富，更能解读音乐在社会文化中的意义。这样的研究包括如何阐释音乐行为的文化性，探讨音乐文化中族群性、音乐人的价值观念、文化修养、身份认同等。这种具有一定人类学倾向的研究，关注的是音乐和人类社会生活信仰的观点，其结论很有可能在音乐之外。以“江南丝竹”为例，其在现代社会中的传承与发展取决于其音符背后的文化内涵与时代的贴切度是否合适，或者说，这一套文化系统的象征性符号是否能够适应当下社会的文化容忍度。同样，在现实中我们很容易发现，在将传统文化以特定方式给予某种神圣性位置的民族中，传统从来没有消失过。相反，如果民族中对于传统没有神圣性的文化认同，或者是仅仅停留于消极的技术、刻板的模仿，那么该民族的所有传统文化艺术都面临着根本性的文化冲突。这说明，没有神圣，就没有传统。以音乐行为为线索的研究在一定程度上为当下的音乐研究拓展了空间，给音乐象征性予以更丰富、更新颖的文化解读。对音乐行为的关注意味着对音乐现象研究方法多元时代的到来，对音乐行为的研究可以给我们的学术视野丰富的人文关怀，使我们的研究成为一个可以与多学科进行跨界交流的平台。对于民族音乐的传承与保护而言，在文化语境中理解音乐使我们不会仅把对传统音乐的保护当作唯一使命。除行保护之责外，观察、研究、记录、理解一种民俗、一种文化的生成、发展与消亡亦是重中之重。一句话，没有不变的民俗与文化，变化本身就是值得研究的。唯有如此，我们方可理清民族音乐之来龙去脉。在现实中，我们还需要反思音乐学当下存在的种种弊病，如我们还相当缺乏跨学科的交流能力，这使我们关于民族音乐的传承与发展问题的研究在某种程度上缺乏文化意义以及学术价值。

三、精神民俗的审美意义

精神民俗，是指民众间流行的偏重于崇拜心理观念的俗信。亚里士多德有一句名言："人是理性的动物。"人类自顿悟外界的存在起，便不断做出自己的思维判断。客观的世界在人们头脑中形成种种反映，而一个地区或一个民族的人们在群体的共同生活中，对外界事物会萌生出大体一致的心意反映，并十分虔诚地尊重它、信服它，这就是心意信仰。它的产生与原始先民"万物有灵论"及野性思维——寓观念于形象中的初级思维方式有密切的关系。在洪荒野性时代，先民难以摆脱猛兽的侵扰，无法理解自身已感悟到的自然威力，便"以己度物"，揣度它们。他们或采取一定的行动，试图征服"异己"的力量，从而形成最早的原始巫术；或采取祈求的方法，讨好那些超人的外力，使它们能够"顺己"，为自己服务。在这个过程中，他们既崇仰使自己显得软弱无力的一切外力，又迷恋自以为是的一套做法，两者结合形成了原始的心意信仰民俗。

心意信仰民俗，因民族、国度或区域群体的不同而呈现不同的色彩。中国的心意信仰民俗，无论是在内容还是形式上都呈现出鲜明的中国特色。不同民众群体长期形成的心意信仰一时是难以相互理解的。它不像有形的物质民俗，有一个可供观察的实体，可给人多方位观察思考。心意信仰民俗是无形的，难以用言语做完整的表达，只能凭心意捉摸，靠心灵的交流而神会。

（一）天地江河崇拜的产生

1.对天地江河本体的信仰

① 对天的崇拜使人们想象或拟人化了，认为许多与天相关的神灵主宰和控制着天的同时控制着人类。而人们也从天的变幻莫测并且往往带来灾难的现象感受着对天的畏惧，形成了各种各样的崇拜、祭祀。与天相关的神灵有上帝、日月神、星辰神及相关的风雨雷电等神。

② 对地的崇拜也形成了许多神祇和祭祀仪式，其中最具代表性的是土地神、山神和城隍。

③ 对江河的信仰促使了对水及其相关的河流、湖泊、海洋的拟人化神灵的产生。

2.对天地江河的崇拜形成了一种具有哲学意味的对自然的理解

对天地江河的崇拜发展为民间的一种俗信，并成为宗教的基石。而有识之士对天地江河崇拜的怀疑促使了近现代科学观念的产生。

（1）图腾信仰

“图腾”原为北美印第安奥吉布瓦人的土语，意为“他的亲族”。英国商人朗格在1791年出版的《印第安旅行记》中首次使用了这个词。后来，在澳大利亚、波利尼西亚、美拉尼西亚等地也发现了类似于图腾的现象，从而引起了学术界的重视，并开始了广泛的调查和研究。现在我们常常把原始社会或传统社会遗留的对于动植物的崇拜称为图腾崇拜。以动物为自己的图腾崇拜物，这是许多少数民族的文化现象，他们认为自己与某种动物有着生命传承上的血缘关系，并将这种动物作为自己的同类或祖先加以祭祀或崇拜。例如，古代殷人的鸟崇拜，古吴越的蛇、鸟崇拜，现代彝族的虎崇拜，鄂伦春族的熊崇拜，畲族、苗族、瑶族的狗崇拜等，都是具有代表性的图腾遗存形式。以动物为自己民族图腾的现象表明，原始人在现实生活中与自然界的关系极其密切，还处于一种“物我”不分的状态中。以植物为自己民族的图腾崇拜物，是一种与以动物为图腾崇拜物相同思维方式的崇拜现象，只不过崇拜物由动物换成植物而已。古代的夜郎国就崇拜竹，他们的王由竹而生，以竹为姓。现代民族中像仡佬族有葫芦崇拜、德昂族有茶崇拜等，都隐含着图腾崇拜的遗存。以植物为图腾崇拜物除表明原始人与自然界的关系之外，还表明人类对植物的观察以及受万物有灵观念的影响。正是后者使原始人相信植物与人一样具有灵魂，并可以与人类融为一体。在全国的许多地方至今依然有树崇拜的遗存并有认树为“干亲”的习俗。另外，古代华夏族的先民以龙和凤为自己的图腾崇拜物，它们都是虚拟的动物。虚拟动物图腾的产生说明人类已经认识到自身与动物界存在的差异，因而相信除非与一些有非凡能力的难以企及的动物有着特殊的“血缘关系”，否则人类不可能具有今天的成就。这是一种人性的觉醒、一种人类是高级动物的确证。祖灵崇拜则是人类进入理性社会之后，把自己的祖先神化的结果。祖灵崇拜与万物有灵的灵魂不死观念紧密相连，是人们相信灵魂不死且仍然能对生者产生各种影响的一种崇拜方式。由于祖先所处的特殊地位，人们认为他们可以保护同血缘的氏族、家族或家庭，因而加以祭祀和崇拜。

人类祖先崇拜是一种人类始祖的崇拜形式，始祖往往创造或重新再造了人类而获得后来子孙的祭祀和崇拜。例如，汉族的女娲便是创造人类的始祖，她成了汉族共同崇拜的对象。当然，这种崇拜有时因为传说的不同而有所不同。比如，人类再造是因为大洪水后伏羲、女娲兄妹结婚的结果，所以人们不仅崇拜女娲，也崇拜伏羲。各民族都有人祖崇拜或传说，如阿昌族的遮帕麻与遮米麻、白族的观音兄妹、独龙族的嘎姆和嘎莎、鄂温克族的保鲁恨巴格西等。严格意义上来说，人类的祖先崇拜是对人类由来的一种解释系统。原始人相信这种解释系统的科学性，并用信仰和祭祀加以确认一代一代地传承。

（2）禁忌

“禁忌”原为南太平洋波利尼西亚汤加岛人的土语，其意有两个层面，一个是“崇高的”“神圣的”“不可侵犯的”，另一个层面是“神秘的”“危险的”“被禁止的”和“不可接触的”。

禁忌的特征之一是危险，所有的禁忌都是危险的，不能违犯。若违犯了禁忌将招致可怕的后果。

比如，人们认为回娘家分娩将给娘家带去血光之灾，因此忌回娘家分娩。结婚迎亲时忌与四眼人即孕妇相遇，否则新娘将不会生育等。

另一个特征是惩罚，所有违犯了禁忌的人都将受到人或神的惩罚，除非你进行某种祓除或禳解。例如，渔民相信吃鱼时翻动鱼身将导致捕鱼时翻船，用手指指彩虹将变成蛇形指，用脚去踩字下辈子会变盲人等。不过，违犯禁忌的惩罚并不一定是立即的现报，也有可能是来世报、身后报或子孙报。

禁忌的功能有以下几点。第一是自我保护功能，即禁忌具有防止出现错误的作用，因此禁忌都是防范性的，主要是为了避免出现错误。第二是心理自信功能，即人们相信禁忌可以给人们生活和生产的环境和现实带来某种改善，只要人们遵守禁忌，就完全能够做好所有的事情。第三是社会整合功能，即人们能通过禁忌的互相沟通和共同遵守，达到社会行为的规范和统一，使社会处于有机的运行状态。

（3）风水

风水也称堪舆、阴阳地理，是人们根据自然环境对人和社会的作用和命运的一种占卜。它表现在国都、城市、村落的选址，住宅、寺观的选址和死者阴宅的选址以及选择营造的时间、决定建筑物的内容空间安排与布置等方面。

"风水"一词最早见于晋郭璞所做的《葬经》，文曰："气乘风则散界水则止。古人聚之使不散，行之使有止，故谓风水。"风水术的操作遵循以下步骤或原则。第一是寻龙望势，即看山脉的走势。第二是观砂，主要是观察周围小山与龙的护卫作用的情况。第三是察水定局，即看水流的走向和五行属性。第四是辨龙阴阳，即确定山脉在方位中的阴阳归属。第五是点穴，即确定具体的位置。

四、民俗语言的审美哲理

民俗语言学就是研究语言中的民俗现象和民俗中的语言现象以及语言与民俗相互关系、运动规律的一门实证性人文科学。

语言是人类最重要的交际工具，是人们进行沟通交流的表达符号。人们借助语言保存和传递人类文明的成果。语言和民俗关系紧密，与我们的生活息息相关。可以说，人们生活在由民俗构筑的世界里，无时无刻不感受着民俗文化的熏陶。所以，任何一个社会的语言都不可避免地反映着社会文化的各个方面。

语言是随着人类社会的产生而产生的，但其产生绝非一朝一夕，而是经历了漫长的过程。民俗抑或晚于语言问世，但其形成过程也很漫长。语言和民俗都是人类社会中"习惯成自然"的产物，都是一种社会习惯。从这个意义讲，语言和民俗具有几点共同特征。首先，语言和民俗都是人类意识、思维的社会表现。作为人类历史发展的文明产物，语言和民俗都发端和存在于社会之中。语言是思维的直接现实，民俗是思维的直观体现。个人可以独有意识和思维，但作为它的“直接现实”语言，却面向广大社会；个人的意识和思维属于一己，而这种意识和思维一旦演变为民俗事象，则为广大社会所共有。因此，语言和民俗所蕴含的意识、思维，实际上都是社会的意识、思维。它们所表现的主体、客体，相应地也只能是身为社会存在的群体。其次，语言和民俗都是人类的历史遗产，都是长期相沿的文化结晶。它们拥有足够的时间，从容地调整、规范自己。因此，语言和民俗显得异常稳定。在此规范和稳定的氛围中，语言和民俗这两股“历史”的文化沿流，默默地相辅而行。

语言和民俗都是人类传统文化的自群壁垒。一般地讲，饱经历史长河洗礼的传统文化，都具有程度不同的自群保守特征。

大量调查表明，任何一个小小的语言共同体或民俗共同体，都格循于自己的乡土传统或民族传统，顽强地保守着长期形成的“社会习惯”。这就造成了不同语言、不同民俗的千差万别，出现了特色鲜明的自群壁垒。然而，事物又总是相比较而存在的。自群的语言共同体、民俗共同体，并非独自孤立地存在。它们总是在自群中心的前提下，有节而又不停地和另外许多共同体发生着交往和交融，这就经常促使语言和民俗的差异性得到各种各样的融合。在不同的语言和民俗的传播中，充满着既相互排斥又相互融合的复杂局面。当然，就总体讲，仍维系着语言和民俗作为“社会习惯”的传统风貌。

语言是民俗的重要载体，是人们交流思想的媒介，它必然会对政治、经济和社会、科技，乃至文化产生影响。语言这种文化现象是不断发展的，其现今的空间分布也是过去的扩散、变化和发展的结果。语言材料直接反映民俗，或是语言体系折光反射民俗。语言单位源自民俗，“语源”恰好反映“俗源”。这种语言单位，以词语、词组和短语居多，如“打平伙”“打牙祭”。前者源起民间聚众会餐，与餐者各自均摊费用或食物，合在一起享用，既改善生活，又增进交往；后者源起平素多进蔬食的人们，隔若干时日食肉一次，以改善饮食。两者都来自民间的古旧食俗。其俗其称，专语专用，语、俗完全相印。“出殡忘了抬棺材——好大意。”“乳名都是父母起的，坏名都是自己的。”前者以“出殡抬棺材”之俗，喻指本体“粗心大意”；后者援引父母给婴幼“起乳名”之俗，以对比强化本义“自毁其名”。语言单位夹带涉俗词语，是另一类“旁涉民俗”。这些涉俗词语，或为中心语，或为一般词，统称“民俗语汇”。这些民俗语汇，有如一颗颗宝石，镶嵌在语言单位中，使之熠熠闪光，更富生活表现力。

语言单位以集合形式反射民俗惯制或风貌。某些语言单位，就其自身讲，并不涉及具体的民俗事象，但它们的总和，即其“集合形式”，却折光地反射着民俗。例如，“一方一俗”“万民同俗”“入境问禁”“入乡随俗”，与具体民俗事象无涉，却总体地道出了人们的民俗观。再如，许多社会谚、生产谚、自然谚，也未必直接陈述民俗，却凝聚一方或八方民众的智慧和经验。透过这些智慧和经验，仍可洞见彼时彼地的文化风尚、世俗人情，从而领悟若干民俗的惯制和风采。语言充当民俗的载体，反过来，民俗也反映语言的变迁。但是，两者毕竟分属两类文化，虽相辅而行，却非简单同步，更非完全汇流。就时间讲，尽管都表现为历史的范畴，而语言比民俗稳定得多，一般历时更长。就空间讲，尽管都广为传播，覆盖面却不尽重合。有的乡俗仅在某狭小方言土语区传承，而有的民俗大项竟可横跨某种或数种语言的广茂地区。因此，语言具有“风俗化石”之誉。在现存古俗中，也能追寻已泯古语的踪影。例如，《诗经·终风》云：“愿言则嚏”，而此语仅存古籍，早已不见口传。清顾张思《土风录》记载清代江南地区仍有“喷嚏曰人说我”的说法。所以，民俗也可称“语言化石”。

总之，语言和民俗既不是非社会的自然现象，也不是超社会的个人行为，它们自始至终是人类意识、思维的社会表现。没有社会，就没有语言、没有民俗。语言和民俗都是人类的历史遗产，都是长期相沿的文化结晶。所谓“长期相沿”，一是说语言和民俗的形成都经历了漫长的传承阶段，二是说人们对语言和民俗的一致认同源于自然而然的沿袭。当然，在局部范围内，语言和民俗也在不断地发展变化，代谢翻新，但就总体而论，两者仍属历史的遗存。

第三节 民俗文化与审美崇拜——以树木崇拜为例

树木崇拜意识的形成，使我国许多民俗与树木结下了不解之缘。人们把对自然、生命、未来的理解，渗透在对树木的崇拜之中，把事业、爱情和理想寄托在枝繁叶茂的大树上，使自然之物——树木包容了许多文化内涵。

一、树木常青与灵魂不灭

中国同世界上的其他古老国家一样，在原始氏族社会已形成灵魂和鬼神观念，并认为灵魂不灭。因此，在各民族的许多习俗中，便渗透进了这种观念，并以树木为载体进行传达。这种灵魂不灭、生死轮回的观念在各民族的丧葬习俗（葬词、葬法、墓葬和葬具）中得到具体体现。比如，纳西族《送葬歌》中有这样的唱词："愿你的生命（灵魂）像竹一样，来年再在这里生长。"哈尼族的祭词说："大树死了一棵，许多小树长出来。世间的老人死了一个，留下一大群子孙。"怒族的祭词说得更明白："一代死了一代生，一辈老了一辈青。不死没有再生呀，不老没有再青。"而"不死没有再生"就是先民的生死观。

在我国北方的游猎民族，如鄂温克族、达斡尔族中，树葬成为一种主要的丧葬方式。因为他们世代身居山林，他们的理想、追求、愿望、情愫和聪明才智、创造活力均生发于山林、寄托于山林、融汇于山林，祖祖辈辈在山林谱写着民族历史的篇章。他们对山林的强烈热爱与依恋，即是对人生的强烈热爱、无限敬畏与依恋。他们认为死者的躯壳虽然消失了，但其灵魂仍然漂游于山林之中，或给人间赐福，或给人间降祸。因此，他们深信森林是不灭灵魂与神仙相遇或升天的唯一捷径，因此树葬是游猎民族的人生信仰，也是淳朴生命观的自然体现。

非洲刚果民主共和国的吐买丁奈族人也盛行树葬这种丧葬方式。人们选择一棵两人合抱的大樱杉树，在树主干的中下部，剥下半边树皮，再挖一个比较大的树洞，然后把用布紧紧包裹的尸体直立着放到树洞里，再贴上树皮，并在树皮上刻下死者的名字，作为墓碑。由于这种樱杉树皮质地坚硬，内材酥松，生长较快，因此进行"活树葬"之后，不但不会因此而枯死，相反由于它从腐尸上吸取养料，反而生长良好。不过几年，就会把树洞长满，把尸骨完全包住，成了一座生长着的"活棺材"。

据说，吐买丁奈族人的祖先发明这种活树葬的风俗，就是因为在他们看来，树木总是不断生长的，将死者葬在活树里，表示人将和树木一样，永远保持活力，不泯于人间。

在实行土葬的民族中，也有相应的方式去体现这种灵魂不灭、生死轮回的观念。他们在墓底边侧及后壁留一浅沟，或在墓室底部留一坑，阴阳风水家称之为“生气沟”“生气坑”。风水讲求“生气”，郭璞《葬经》讲：“葬，乘生气也。”即死者要吸取大自然之灵气，所以墓中留有生气沟、生气坑，且不能用砖封死，否则就是堵住了生气，会对生者不利。按《葬经》的观点，死去的先人好比树根，子孙好比树叶，死者能乘生气才能根繁以致叶茂，否则根无生气，其叶也将枯死。死者与生者是根与叶的关系。

维吾尔族人在墓地四周常种有高大乔木，生者不得惊扰树木的幽静，象征着灵魂不灭、生命永存的生死观。土家族则在棺材内放柏树、松树做的枕头，象征“白头偕老”“松柏常青”，使灵魂可以转世投胎。

二、树木繁茂与生命寄托

树神崇拜属于自然崇拜中的植物崇拜，而植物崇拜往往与人类的生活、生产有关。在现实中，人和其他动物的寿命比起某些植物来要短暂得多，植物又是人们生活资料的主要来源，而且植物的繁殖力特别强，树的果、根、枝都可繁殖，因而受到人们的崇拜。在原始思维“互渗律”的作用下，人类自然把自身繁殖力存在的想象外化为对繁殖力特别强的树的崇拜。所以，树神崇拜也是生殖力崇拜。

这种生殖力崇拜在巴蜀、荆楚、吴越和西南边疆一带比较盛行。《搜神记》卷十八载：“庐江龙舒县陆亭流水边，有一大树，高数十丈，常有黄鸟数千枚巢其上。时久旱，长老共相谓曰：‘彼树常有黄气，或有神灵，可以祈雨。’因以酒脯往。亭中有寡妇李宪者，夜起，室中忽见一妇人，着绣衣，自称曰：‘我，树神黄祖也。能兴云雨，以汝性洁，佐汝为生……’”在西南民族的创生神话中，也有不少关于“树生人”的神话。云南德昂族创世神话史诗《达古达楞格莱标》记载，洪荒时代，只有花草树木。突然有一天，天上刮下一百片茶树叶，都变成了人。单叶变成小伙，双叶变成姑娘。他们结为夫妻，从此才有了人类。独龙族神话《坛嘎朋》认为，人是从树丫包中爆出来的。除此之外，苗族有“枫树妈妈”的传说，彝族有梧桐树生人的神话。这些志怪、神话传说、史诗的底蕴依然是生殖力崇拜。

维吾尔族人将人类文明比作一棵大树，他们崇拜树木旺盛的生命力，认为这种生命力是神灵所赐。这种树崇拜至今体现于维吾尔族的人生礼仪中，并呈现出厚重的文化积淀。维吾尔族人的摇篮礼于婴儿出生 40 天后举行。在摇篮礼仪式中，婴儿用浸泡着各种树叶40天的圣水沐浴，接受举木勺的40个小孩的祝福，最后被安放在传统木制摇床上。在婚礼仪式中，石榴树、石榴以及石榴为图案的吉祥物品都透视了人们潜在的树崇拜意识——对生殖力的追求。在丧礼中，死者的亲属沿袭古老的习俗，每人手持一根木杖作为丧根，迎接前来吊丧的人们，而死者躺在木架灵床上告别人世走向不归途。从躺在木制摇床上开始人生之旅，在树木的福荫下达到人生高潮，到躺在木架灵床上结束人生之旅，从出生、成年到死亡，维吾尔族人整个人生历程都与树木结下了不解之缘。

这种树木生殖力崇拜，正是各族人民依据各自群体所处的地缘优势、历史文化传统、生产力水平等综合因素自然选择的结果。其间渗透着深厚的民族民间文化积淀，反映了各族人民对生命与大自然和谐统一的愿望，同时凝聚着民族文化与群众智慧的结晶。

三、树木质、量与等级制度

树木以其特有的生命力和繁殖力受到人类的崇拜，不同树木的品质和树木量的多少也成为社会等级制度的一种体现。

我国原始社会初期的人们并不掩埋同类的尸体，而是弃之于原野山谷。《孟子·滕文公上》载："上世尝有不葬其亲者，其亲死，则举而委之于壑。他日过之，狐狸食之，蝇蚋姑嘬之，其颡有泚，睨而不视……盖归反虆梩而埋之。"孟子认为从不葬其亲到虆梩而埋之，是人们不忍心亲人的尸体遭受野兽昆虫的噬食，这是伦理观念进步的表现。大约从旧石器时代中期开始，人类已经对死者进行有意埋葬了。这是出于对自己集团成员的关怀，眷恋死去的亲人，更重要的是同灵魂观念和原始宗教的产生有关。灵魂不死，就成为鬼魂，为讨好他们，就有必要对其尸体进行一定的处置，加以保护。人们想象鬼魂在另一个世界——阴间，也像活人一样生活，且仍有贫穷富有、高低贵贱之分，由此产生了各种体现等级观念的葬法和葬礼。《易传·系辞下》提到上古的墓葬"不封不树"，也就是墓地不起坟，也不种树以设标记。传说中，原始社会后期的上古帝王陵墓以及夏商西周和春秋前期，均是"墓而不坟""不封不树"。

从文献记载来看，中原地区的土丘坟在春秋中期已经出现。《礼记·檀弓上》提到孔子的感叹："古也墓而不坟，今丘也，东西南北之人也，不可以弗识也。”孔子虽崇尚古制，但考虑到自己是个四方奔走之人，如果墓地不封不树，年远世久，就会难以确认。因而须堆土成坟，植树为标。“于是封之，崇四尺。”

土丘坟一经出现，便迅速流行，由“不封不树”变为“又封又树”，而且坟头的高低大小、坟地树木的多少也成为表明死者身份地位的一种标志。《周礼·春官宗传·冢人》云：“以爵等为丘封之度，与其树数。”贾公彦疏：“尊者丘高而树多，卑者封下而树少。”到春秋晚期的王公贵族“丘垅必巨”“其高大若山，其树之若林”，已成风气，并且制度化。

古代的丧葬用品也有等级之分。葬具是盛放死者遗体的用具，土葬所用称为棺。据说最早的棺是瓦制的，原始社会末期有了木制的棺和椁（棺外的套棺）。死者使用的葬具一直是棺椁，但有等级规定。据《礼记·檀弓上》和《礼记·丧大记》所载，周代制度规定天子棺四重，诸公三重，诸侯再重，大夫一重，士不重。就是说天子所用除贴身的内棺外，外面还套有四重外棺，总共五层。每一层棺有特定的名称：最外一层叫大棺；第二层叫属；第三层叫杝或椑，用椴木制作；第四、五层为水牛皮和犀牛皮制成的革棺（也有可能革棺只算一层，另有最内一层里棺）。诸公以下由内至外递减。到士这一阶层，就只有一层大棺，不得用套棺了。不仅如此，木棺大小厚薄，也都有严格的等级规定：“君（此指诸侯）大棺八寸，属六寸，椑四寸；上大夫大棺八寸，属六寸；下大夫大棺六寸，属四寸；士棺六寸。”

《荀子·礼论》有“天子棺椁七重，诸侯五重，大夫三重，士再重”的说法。参照《礼记·檀弓上》《礼记·丧大记》的记载，天子当是五棺二椁，诸侯为四棺一椁或三棺二椁，大夫为二棺一椁，士为一棺一椁。

《礼记·丧大记》对随葬品和棺椁用料也有明确的等级规定，如“君松椁，大夫柏椁，士杂木椁”。

汉代以后椁室制度不行于世，不再有套棺外棺与椁的区别，一般把套棺的外棺称为椁。明代规定：“品官棺用油杉朱漆，椁用土杉”。庶人“棺用坚木，油杉为上，柏次之，土杉、松又次之。用黑漆、金漆，不得用朱红。”

民国《宁安县志》载：满族“其棺木较汉族用者高出半倍（俗曰达子棺）”。可见旗材（满族所用棺材）与汉材的不同。

四、树木崇拜与实利期盼

随着社会的发展、人类思想观念的转变，树木崇拜也由过去虚幻的精神追求变为对实利的期盼，这反映了古人在特定历史时期的社会风气和民族心态。

比如，东汉时期，以四川盆地为中心，出现了一大批具有树崇拜性质的事物，即“钱树”或“摇钱树”。钱树上出现了大量的钱币，这表明在东汉前后人们崇拜神树的主要目的已经有了实质性变化，由崇拜敬畏神灵，发展到乞求发财赐福，使墓主人死而复生，升入天国，常享快乐。乞求的目标也从较虚幻的仙境，转变为非常具体的钱物，认为只要有无穷无尽的钱财，就是此生和来世最大的快乐。这时的神树不仅失去了许多圣洁的原始宗教的含义，而且变成了仅供实现个人发财致富梦想的工具，成了真正意义上的“摇钱树”了。

在汉代特别是东汉魏晋时期，“钱能通神”的思想十分盛行，树崇拜从对神的敬奉变成对钱的乞求，这实际是没落意识的反映。

《三国志·魏书·邴原传》注引《邴原别传》:“(邴)原尝行而得遗钱，拾以系树枝。此钱既不见取，而系钱者逾多。问其故，答者谓之神树。原恶其由己而成淫祀，乃辩之，于是里中遂敛其钱以为社供。”这是关于“摇钱树”观念的最早记载。

清末富察敦崇的《燕京岁时记》记载除夕晚上有插“摇钱树”的习俗:“取松柏枝之大者，插于瓶中，缀以古钱、元宝、石榴花，谓之摇钱树。”而在山东农村的葬俗中，老人去世后“过五七”(七天为一七)丧祭，出嫁的女儿、孙女要送一对纸扎的“花树”和一对“摇钱树”，在新坟前焚化燎祭。

当然，树崇拜习俗中，也有许多表达了人们对未来生活美好憧憬的。例如，汉民族多有房前屋后栽榆之风。榆树上长榆钱，即“余钱”也；并多用榆木做梁者，有“余粮”(榆梁)之意。而在山东农村，大年除夕家家户户到集市上买青竹，插在院里的磨盘眼中，同时插进一些松柏枝，有的还在竹枝上挂些通神、祈福的红纸条，或者挂上贯钱、花生和枣等，称之为“吉利子”。至于它的含义，有的说是为了辟邪，有的说是为了图个吉利，还有的说为了“四季常青，来年丰收。”

中国古代还有“插柳”“戴柳”的风俗，这种风俗除借助树木表达人们的美好愿望之外，还负载着对树木生命力和实用价值的崇尚。古人认为，柳能知阴晴、成人状，还能令人长寿。南宋罗愿《尔雅翼云》载："天之将雨，柽（河柳）先起气以应之，故一名名雨师。"《本草纲目》云："得雨则垂垂如丝，当作雨丝。"故旧时有遇天旱祈雨，头带柳枝的习俗。《三辅故事》称："汉武帝苑中有柳，状如人，号曰人柳。"此柳"一日三起三眠"，故又有"三眠柳"之称，人们以之神奇，呼之"长寿仙人柳""观音柳"。众所周知，雨是农业生产必需的条件，风调雨顺是五谷丰登的预兆。长寿是自古以来人类的期盼，观音又是达到人类这种期盼的神灵，于是观音的净瓶和柳枝就成为攘病驱灾、生命复苏的象征。只要观音用柳条沾净瓶圣水一洒，生命就可以死而复生。另外，杭州等地有以柳抽门的风俗，叫"明眼"，意味全家人一年不患眼疾，这是对健康平安的一种期盼。

关于清明插柳、戴柳的风俗，在清代潘荣陛《帝京岁时纪胜》、富察敦崇《燕京岁时记》和胡朴安《中华全国风俗志》中都有大量记载，涉及今北京、山东、河南、安徽、江苏、陕西、山西等许多地区。而柳树民俗是全国性的民间习俗，认为柳能"祓除邪祟""以禳蝎虫""能避虫蚁""红颜不老""示人有后意"。由此可见，人们对柳的崇拜，在于认为柳能使生命复活、生命永生和生命繁衍。

桑树在古代被奉为"东方自然神木"（《广群芳谱·桑麻谱》），亦称"众木之本"，故古籍中祭祀较多的林木为桑林。《吕氏春秋·顺民》载："天大旱，五年不收，汤（商汤）乃以身祷于桑林。"汉高诱注称："桑林，桑山之林，能兴云作雨也。"在相当长的历史时期内，人们把桑林视为兴云作雨的神明，并形成了桑林之约这样的古俗。

关于植物有驱邪避鬼的作用，在民间习俗中见到最多的可能是桃木与艾草，如以桃枝、桃人、桃木剑驱鬼辟邪。汉代应劭《风俗通·祀典·桃梗》引《皇帝书》云："上古之时，有神荼与郁垒昆弟二人，性能执鬼。度朔山上有桃树，二人于树下简阅百鬼，无道理妄为人祸害，神荼与郁垒缚以苇索，执以食虎。于是县官常以腊除夕饰桃人，垂苇茭，画虎于门，皆追效于前事，冀以御凶也。"

这也是现在除夕贴对联的渊薮，即"总把新桃换旧符"。所以，后来的"桃汤"、"桃梗"（桃木偶）、"桃符"皆有此意。另外，端午节户户门上插艾草或柳枝与此意义相同。

还有以木为俑，做殉葬之用。汉桓宽《盐铁论·散不足》云：“匹夫无貌领，桐人衣纨绨。”三国魏王肃《丧服要记》云：“鲁哀公葬父。孔子问曰：‘宁没桐人乎？’哀公曰：‘桐人起于虞卿。虞卿，齐人，遇恶继母不得养父，父死不得葬，知有过，故作桐人。吾父生得供养，何用桐人为？”

在各民族的风俗中还可时常见到许愿树的影子。如登临泰山的人，许多将写有自己心愿或寄托自己心愿的彩纸条、红布带系于树上，或求子，或祈福，或祛灾病保健康；还有的将小石块放在树杈上，以表达各种愿望。这实际都是树木崇拜在民俗中的反映。

第三章　民俗文化美学微观探析

第一节　民俗文化的特点与审美心理

钟敬文是我国民俗界的泰斗，他在《民俗文化学发展》一文中，提出民俗文化有五个方面的基本特征：集体性、类型性、传承性与扩布性、相对稳定性与变异性、规范性与服务性。另外，其他民俗学研究大家，如乌丙安、萧放等，也都把稳定性与变异性列为民俗文化的基本特征之一。可以说，稳定性与变异性作为民俗文化的基本特征之一在民俗界已经得到了普遍的认可。

为了更好地分析中国民俗文化的稳定性和变异性，有必要先弄清一个基本问题，即何为民俗文化？民俗文化是一个很普遍的概念，提起它，我们并不陌生，但怎样来给民俗文化下一个准确而又通俗易懂的定义？民俗或风俗这类词语，从它的历史渊源来看，在我国先秦两汉的古代典籍中已经出现。直到现在，它还流行于人们的口头或书写的文字上。依我们现在大多数人的理解，所谓民俗或风俗，主要指的是文化比较发达的民族的大多数人民在行为上、语言上表现出来的种种活动、心态。它不是属于个别人的，也不是一时偶然出现的，而是集体的，有一定时间经历的人们的行动或语言的表现。它既然是集体的、传承的，就必然要逐渐形成一种模式。换句话说，它是被定型化的，而不是一种任意的、散漫无纪的文化现象。所以，对于民俗文化的概念，我们可以这样来界定：民俗文化是人们在长期的生产实践和社会实践中创造的语言和行为模式，或者说是民族共同创造和遵守的行为规则。在明确了民俗文化的定义之后，我们再来试着说说本文的重点——民俗文化的稳定性与变异性。民俗文化因其传承的特殊性，在日常生活中人相袭，代相传，具有相对稳定的特性。但民俗作为一种基础文化，在传承与传播的过程中并非一成不变。相反，它随着时空的变化不断地发生变异，形成了与稳定性相联系的变异性特征。

一、民俗文化特点

（一）稳定性

稳定性是中国民俗文化突出的表现之一。正如钟敬文先生所说的："中国社会在数千年的发展中形成了自己的民俗文化的特色。这种特色是通过民俗文化的稳定性体现出来的。比起世界上一些发达资本主义国家，我国民俗文化的稳定性，主要是农业小生产制度的产物。"中国经历了几千年的农业社会，虽然发生了几十次大规模的王朝更迭的战争，但农业社会的基础并未动摇，几千年的农业宗法社会性质没有发生大的改变，由此围绕着农耕社会所形成的大农业民俗得到相对稳定的传承，其稳定性主要体现在以下几个方面。

1. 家族观念的稳定性

宗法制度确定于周朝，基本社会单元是以家长为中心的家族。家族共同体在中国社会传袭几千年，其制度的传承与自给自足的小农业生产息息相关，人们长期居留一地，即便迁动也是"举族而迁"。"家"既是民众生产的基本单位，也是民众"生活的世界"。因此，维护家族利益及家族内部等级秩序的家族观念至关重要。读过巴金的《家》，我们就可以从即将瓦解、支离破碎的"家"中体味到"家"的重要。人们很早就确立了"亲不亲一家人"的血亲关系原则与家族内"长幼有序"的伦理原则，利用种种民俗强化家族意识，维持家族的稳定，沿袭家族的传统。祖先崇拜是支撑家族的精神支柱。人们通过各种祭祀活动，不断地增强"念祖追宗"的"认同感"。在周期性的年节民俗中，祭祀祖先是一个重要的节俗项目，具体有以下几个例子。元日为一年之始，返本追宗，自然先要祭奠先人。元日祭祀的习俗起源很早，在东汉崔寔《四民月令》中就有记载："正月之旦，是谓正日。躬率妻孥，洁祀祖祢。"这种习俗一直传承于民间，春节期间一定要在祖宗牌位前上香、叩拜。"每逢岁首'元日'各家男女均黎明即起，吃扁食，拜神祭祖。"目前，乡村仍保持这一祭祀习俗。清明是强化家族认同意识的又一重要节日。清明祭祀活动，从宋代复兴祖宗意识开始，使祠堂成为家族活动的中心，一年两度的春秋祭仪均在祠堂举行。清末至民国时期，庙祭依然是家族活动中的大事。时至今日，邓州的一些地方在农历十月初一（人们俗称"鬼节"）举行立碑、唱戏等活动，让家族成员重温家族历史，感受家族亲情，稳固家族联系，使人们在叩拜、参与活动时分享家族的荣誉，承担家族的责任与义务。墓祭在唐代即已出现，当时没有祠堂、家庙的小户口人家以墓祭为主，清明祭墓之俗历代相沿。周期性的祭祀活动既是家族观念的体现，又是家族观念的传承和强化。

家族互助与家族规范是增强家族观念的又一民俗事象。亲族之内强调长幼有序的伦理原则，“父慈子孝，兄友弟恭”，相互扶持。一人有难，全家相助；一家有难，合家共济。在民间的婚丧礼俗中，家族成员除帮忙应酬，增添热闹气氛之外，还多以礼金的形式予以资助。添丁进口、建房同样是家族大事，本家人也必然上门恭贺。家族伦理原则就通过这样的日常生活传承于民间。民间还以家规庭训的形式规范家族成员。如苏洵在苏氏族谱中告诫族人：“患必恤，喜必贺。”通过家族内部的相亲相爱与惩戒的教化约束，使家族观念日益牢固。直到今天，家族在乡村生活中的影响仍不容忽视。

2. 节俗传统的稳定性

依照农业生产活动的规律，中国很早就确立了岁时节俗传统。周秦时期，节俗开始萌芽，随着天文历法知识的进步，与天象、物候、人事相合的系统化的岁时节令逐渐走向成熟。汉魏时期，中国节俗的主干模式已经形成。除中秋节外，其他主要节日都已具备，固定的节期、确定的节日为历代所沿用。虽然具体节俗各时代、各地区有不同的发展与调整，但总体上看，没有脱离传统节俗的范围。传统节俗有两个中心内容，一是祭神，一是娱人。祭神是为了调节人与自然的关系，娱人是为了人际关系的和谐。二者都是为了缓和紧张的关系，以放松身心。在传统社会中，节俗中的神异色彩较浓，人们常以神人共娱的形式来表达自己的心理感受。这种祭祀与民众休闲相结合的传统贯穿在年节系列中，并传袭千年，如上元张灯、社日聚饮、清明祭墓与踏青、端午驱疫与竞渡、七夕祭星与乞巧、中秋拜月与赏月、重阳避灾与登高、除夕祭祖与团聚等，很多节俗至今仍在民间传承，并成为民族文化的重要特征。

3. 人生仪礼习俗的稳定性

人生仪礼是伴随着人生历程的仪式，它一般集中在人生的几个节点上，包括诞生礼、成年礼、婚礼与丧礼等。人生仪礼是社会民俗的重要组成部分，从仪式的程式与象征意义看，它表达了民众的心理期待与文化人格的要求。在传统社会，民众十分看重仪礼民俗，很早就形成了一套完整的人生仪礼的民俗惯例在传统社会中长期传承，例如诞生礼。添丁进口在传统社会属于家族大事，因为人丁的兴旺是家族发达的标志，它也是家系传承的实际需要，所以男孩的诞生礼十分隆重。又如，成年礼，古称冠礼。《仪礼·士冠礼》记载了古代贵族男子的冠礼情况，成年男子在冠礼之后，有参与社会活动的权利，有承担社会的义务。“弃尔幼志，顺而成德”，还由此获得娶妻生子的资格。后来，很多地方冠婚合一，将冠礼浓缩成婚礼的一部分，有的以婚礼代冠礼。婚礼是人生大礼，向来极受重视。“周公大礼”的婚俗模式，基本上为后世袭用。后代婚俗程序无论名称如何变化，却大致不离纳采、问名、纳吉、纳徵、请期、亲迎等六道仪式。婚前繁复的仪式是为了婚后婚姻关系的牢固。再如，丧礼是礼敬亡者的重要仪式，传统民俗中对丧礼十分看重，生人怀着对亡人的敬与畏，谨慎而隆重地处理安顿亡人。古代礼仪制度中对此有细致的规定。据《仪礼·士丧礼》记载，有停尸、招魂、报丧、吊丧、入殓、祭奠、安葬等程序。人们对亡人的依恋与对灵魂的信仰，决定了人们对死者的态度，因此葬礼中禁忌很多，后世也大致沿用了古代丧葬礼仪程序。传统社会中的人生仪礼以家族为依托，个人的生死与家族生活密不可分，它既是加强家族关系的日常事件，也是体现家族力量的时机。因此，自古及今人生仪礼总是办得隆重而热烈。

当然，中国民俗文化的稳定性只是相对而言，“天下无不可变之风俗”。世界上没有不变的事物，只存在着变化程度大小、变化速度快慢的区别。我们在讨论民俗的稳定性时，更不应该忽略其变异性。

（二）变异性

变异性，也是中国民俗的鲜明特征之一。民俗在传承中变异，在变异中传承。结果是有的民俗消失了，有的则随着人们生活文化和心态的变迁而变了形，乃至变了质。例如，近年来成为学术界热门话题的傩戏，它的起源本是一种驱除疫魅的宗教——巫术活动的仪式，但经过两千多年的演变，它已经成为一种以娱人为主的艺术形式。它的原始含义（驱鬼），即使在某地区人们的脑子里还隐约残存着，但也不过是一种淡淡的历史影子罢了。现在民间还相当流行的赛龙舟、放风筝等民俗，它们所经历的情形和傩戏大略相似。另外，还有饮食民俗的变异。上古社会，民众原始、朴野、茹毛饮血。随着进化，人们知道了用火，于是变生食为熟食；学会了制陶，就变干食为煮食。饮食民俗就这样随着人们生存能力的提高而变化。中古以后，农业得到发展，农牧产品变得多样化，人们的饮食生活更加烦琐和精细，逐渐形成了日常食品、节令食品与礼仪食品的民俗区别。人们还不断地吸纳着异域的饮食风习，如胡饼、胡饭、胡羹、葡萄酒等，在汉魏隋唐风行一时，丰富了中国民俗。近代，随着中西文化交流力度的增大，中国人的饮食结构开始发生变化：在吃惯了本国风味食品的同时，喜欢吃“麦当劳”“肯德基”和比萨饼；喝惯了中国茶的同时，喜欢品尝外国的咖啡。饮食民俗的时代变化说明了民俗在纵向传承中发生着变异的历史性特点。

民俗的变异性还表现在横向的地域扩布中。同一种民俗在各地区会出现不同的形态，有的是因为发生的基础不同，有的是在传播过程中的变形。特别是口耳相传的口承民俗，情节大致类似，但人名、地名或表达的观念会因流传的地方与人群的不同而出现较大的差异。例如，端午节的传说，楚地说与屈原有关，而吴越地区认为与伍子胥或勾践有关，两地的民众都有自己的解释。还有的民俗是在传承与传播的过程中出现的“误读”。如紫姑信仰是起源早、流传久的一种，仅在湖北就有紫姑、戚姑、七姑等不同的称呼，有的地区还称为“七星仙女”。

一般来说，民俗的变异性可以有三种情况。一是民俗表现形式的变化。例如，同样是拜年，在旧时是一定要下拜的，现在只要口头说声“拜年”就可以了。二是民俗性质的变异。例如，我们上面提到的傩戏就属于这种情况。还有端午节竞渡，在上古时期竞渡主要是为了驱疫，祭祀水神；中古时渗入了伦理因素，凭吊屈原成为节日主题；近代以后龙舟竞渡逐渐成为重要的娱乐项目，信仰的因素淡化；时至今日竞渡则是纯粹的体育竞赛项目。竞渡的民俗形式虽未改变，但性质则迥然有异。三是旧俗的消亡。民俗处于不断的发展变化中，一些不适应人生的习俗，会逐渐走向消亡。例如，历史上颇有影响的寒食节，随着人们认识水平的提高，崇火心理淡化，对寒食禁火给生活带来的不便感受愈来愈强，因此逐渐将其废止。还有我们熟知的缠足陋俗，亦随着社会的进步，在民国初年被完全革除。民俗的变异性特征为移风易俗提供了学理的依据，人们可以依据民俗变异的规律，“化民易俗”，删繁就简，推陈出新，为建设民族的新文化服务。

有趣的是，中国民俗文化在当代的变异并没有简简单单如往常一样，而是显示了它变异的复杂性。因为随着社会的发展，一方面民俗与时俱进，正在形成新的民俗文化，另一方面民俗文化正在受误导。对于这种情况，我们该怎么理解？

我们先来看民俗文化在当代变异的社会条件。随着知识经济时代的到来，电脑信息化等高新技术成为物质文化发展的前进动力，同时现代西方文化思潮在全球的扩展，引发了全球性的物质生活与精神生活的剧变。各种类型的传统社会原貌，几乎都处在急速的变化中；各种传统民俗文化也正在因为社会的加速变化而迅速改观，重新整合。世界上所有的民族和国家，都在不同程度上适应着这种全球性的经济发展大趋势。

当固有的传统民俗文化对全社会人们生活方式的引导已经不再适应现代社会环境时，人们应自然地破旧立新、趋利避害，不再遵循传统民俗文化的指引，转而接受或创造具有新的适应性的现代民俗文化。

我国自改革开放以来，随着现代化建设事业的不断深入发展，传统的计划经济体制逐渐被社会主义市场经济体制所代替，人们逐渐树立了自主意识、竞争意识、效率意识、民主法制意识和开拓创新精神，社会道德风尚也发生了许多新的变化。中华民族的传统美德与体现时代要求的道德观念相融合，正在成为我国公民道德建设发展的主流。这些都表明了与社会主义市场经济相适应的新的民俗文化正在形成。

中国当代民俗的变异，从表面上看，是衣食住行等消费生活方式的巨大改变和与文化、文明、道德相悖的低级庸俗趣味的滋生蔓延。但从深层次看，中国民众正在经历一场观念，即世界观的转变。在中国民众世界观的转变过程中，显现出传统社会和现代社会的两种民俗文化的相克相斥的状态。现在，我们还没有完全牢固地建立起符合中国特色社会主义市场经济要求的新的民俗文化，与社会主义市场经济相适应的知识体系、价值理念和行为规范还远没有真正内化为人们的自觉意识和自觉行为。这就要求我们必须进行文化创新，让“爱国守法、明礼诚信、团结友善、勤俭自强、敬业奉献”的基本道德规范和科学健康的生活方式得到全社会的认同。

面对眼花缭乱的民俗文化的变异，人们大体上表现出两种态度。一种态度是坚守传统，表现出对民俗文化的“恋旧”情怀。坚持遵循古老的传统民俗及生活方式，不能改变固有观念，强调传统民俗文化稳定性的特征和文化的延续功能，对民俗文化的变异持某种排斥态度，特别是对外来的西方文化难以认同。他们面对文化变异往往采取被动的守势，谋求民族民俗文化的延续发展，反映了浓厚的、根深蒂固的传统文化心理。换句话说，他们肯定民俗文化的稳定性，否定其变异性。另一种态度是表现出对民俗文化的“趋新”，强调与世界文化接轨，极力促使现代民俗文化的更新演进，促使人们逐渐或尽快远离过去的传统，促使全球不停顿地经历和体验新情况、新事件和新的生活模式。特别强调现代民俗文化的创新和改造，很快地接受了民俗文化的新变迁，比较习惯于其他民族或外来的风俗习惯，并对古老的传统民俗文化不表示特别尊重，以一种激进的、开放的文化心态面对当前民俗的变异。也就是说，他们肯定民俗文化的变异性，否定其稳定性。

上述两种态度构成了当代中国民俗文化变异性中的文化整合与世界观整合的新态势，并且这种整合动态标志着一种新的先进文化正处在一个合成过程中。那么，在这个合成过程中，我们该怎样对待几千年稳定下来的民俗文化和变异之后的民俗文化？也就是说，该如何对待民俗文化的稳定性和变异性？

笔者认为，目前中国民众必须用现代观念对民俗文化中的所有事物和现象进行梳理和检验，分辨出哪些是对社会发展前进有益无害的良俗，哪些是妨害社会向前发展的有害无益的陈规陋俗或邪风恶俗。对于前者要积极发扬，把它融入现代化生活中去，成为现代生活中不可缺少的具有本国本民族民俗特色的文化财富；对于后者就要毫不吝惜地摒弃，把它们淘汰出局，变成历史沉渣。还有许许多多对现代社会发展并没有什么损害，但也没有什么积极意义的传统风俗，也尽可能其经过重整再改造后进入现代社会，为现代生活所用，适应现代化的多样民俗要求。

二、民俗文化审美心理

民俗作为民族精神文化意识，积淀着异常丰富的心理背景，具有独特的审美特征与心理特质。从纵向审视，“至有人类，则渐有群，而其群之多数人之性情、嗜好、言语、习惯，常以累月经年，不知不觉，相演相嬗，成为一种之风俗”。

从横的方面观照，“含血之类，像之而生。故言语歌谣异声，鼓舞动作殊形，或直或邪，或善或淫也”。观照或审视中国之民俗，不仅有客观的成分，即民俗所固有的客观美；还离不开心理因素，即主体以审美的态度看待这种意识美。因此，我们认为：主客体的统一与和谐，同样是民俗审美的特质与规律。我们还认识到，研讨中国民俗的审美心理、审美意识，不可依据一些支离的民俗事象去观照心理反应和审美表示；亦不能只看重某些“遗存物”的考察与求证，去得出偏颇的固定结论。民俗审美心理和意识是在历史的长河中和文化传统的熏染中逐渐积淀、筛选、形成和留存下来的，是一个流动、不断创造的过程。中华民俗中的衣食居处、祭祀信仰、岁时节令、商贾贸易、文艺游艺、人生礼仪，或奇绝妙丽，或天籁自然，或惊险优美，或对称和谐，或方正升腾，或吉祥如意，无一不是时代因袭变化的结晶。因时代不同，区域有别，民俗也就或趋同，或相异。基于此，研讨民俗审美心理和意识，便离不开自然、社会、历史和文化这几大因素。也可以说，这几大因素规范着民俗的审美心理特质，它像“社会契约”，左右和限定着民俗审美意识的发展和趋向。

在自然、社会、历史和文化因素的共同作用下，中国民俗审美心理与意识形成了许多独特的品格，它温顺、平和，追求平安、祥瑞，身临其境，如同浪子归乡，有着说不尽的温馨和亲切。在民俗审美中，主体既抱着实用的心态，却又往往平淡空灵，“涤除玄鉴”，得持“虚以待物”的审美心境，进入“如痴如醉”的审美活动中。中国人既“忧心忡忡”，又“乐天向上”，强烈的入世情怀使其沉郁而压抑，这就是“中国人，你为何不笑”和“难得潇洒”的原因。民俗审美使这种“忧患意识”找到了寄托，民俗审美心理再次成了负重的中国人的温馨家园。它冲淡了世俗的烦恼和苦闷，以恬静、朴拙、真美抚慰人的心灵，有一种暖融融的轻松之感。中国民俗审美心理是一种群体的共同体验，是一种“少个体”或“无个体”的审美活动。这当然不是说民俗审美能离开个体而存在，而是说强烈的群体意识和审美感觉在挤压个体意识。中国民俗审美意识既包蕴着一种“寄托”，又有一种“补偿”。“寄托”是心灵对生活某种缺失的无限希望；“补偿”是某种缺失的暂时满足，但又是产生另一种缺失的开始。“心理寄托”和“心理补偿”使中国民俗审美心理得到一种暂时的平衡和稳定。综合而言，中国民俗审美心理与意识的独特品格，生动地展示在如下几个方面。

（一）“温柔敦厚”与“温馨家园”

《礼记·经解》说：“温柔敦厚，诗教也……其为人也，温柔敦厚而不愚，则深于诗者也。”“温柔敦厚”原为诗学上一种温文谦恭、含蓄儒雅的风格，是儒家思想的反映，主张诗的讽谏作用为入世之用，要求“止乎礼仪”，忠善为本，核心是要求诗学中情感思想以中和为美，品性温和而忠厚。“怨刺”不能过火，“乐而不淫，哀而不伤”“尽美矣，又尽善矣”。这里借用“温柔敦厚”一语，旨在阐明中国民俗审美心理与意识温和宽厚，中和为美，含蓄朴拙，而缺乏激动狂热与果敢冒险气魄的品格。中国人“食无求饱，居无求安，敏于事而慎于言”。就岁时风俗和人生仪礼来说，它们是民间欢乐愉悦的法定场合。在这些节日和仪礼上，人们尽可狂喜欢乐，但中国人能做到的常是“醉倒桌下”。春节人们燃放鞭炮，“总把新桃换旧符”，穿戴一新，互相拜年祝福，温文尔雅，礼仪昭然。元宵观灯，清明上坟踏青，端午观龙舟、吃粽子，重阳登高，总是显得平淡，恬静，能在人们心中激起波澜的只是因为人们想到了这是节日，能合家团圆共享天伦。西方人的狂欢节，人们狂欢达旦，化装舞会，疯狂娱乐……狂潮波及每个人，人们无不心情愉悦，酣畅饱乐，尽情宣泄，这和中国人在岁时节日的表现形成鲜明对比。梁漱溟先生在《中国文化要义》中分析说：“譬如西洋人以握手、接吻、拥抱为礼，还有群众拍掌欢呼，把所欢迎之人高举起来等等表现。中国乍见直骇然退缩，感觉受不了。此即西洋之礼主于亲爱，其情发乎身体，更要籍身体来表示。而中国之礼则主于敬让，其情发于理性，虽其表示亦不能无籍于身体而温文尔雅，含蓄有致，却实在离身体很远。”中国人的礼仪讲究“点到为止”“适可而止”，情感不能过分宣泄，多是压抑心中，表现出来也只是握手、下跪、泪眼蒙眬，显得有节制。例如，中国民俗绘画图案突出的有“万事如意”“福寿双全”“吉庆双余”“金玉满堂”“连年有余”“六合同春”“华封三祝（福、寿、子）”以及“镇宅神虎”“尉迟敬德”“狮子滚绣球”等，突出表现了求吉、趋利、祈福、求生、避害等心理，是对生命、财富和安全问题的温和而祥瑞的祝愿和关切，显示出中国民间对基本生活条件的追求和满足，不像西洋画多以描绘战争、死亡、痛苦为主题。在衣食居处等风俗中，中国人“温柔敦厚”的心理品格也很突出，衣服求宽松、淡雅、合适，讨厌离奇、色丽。饮食风俗中一日三餐，“饘粥之食，自天子达”。居处安全舒适便可，讲究等级尊严、风水之地，但不求庭院深深，封闭不重装潢。瑞士心理学家荣格说：“东方人是典型的内倾型人格，对于探索以及分析他自己的内心世界颇感兴趣，他是内省的人、孤独离群的人，他全神贯注地注视着他在自己的内心世界里发生的种种事件。在他人看来，他仿佛是冷漠的、不善交际的、行为拘谨的人。”正是这种内倾性格，中国人的情感向内压抑，形成“温柔敦厚”的中和为美的心理。中国民俗审美心理的这一品格，表现在民俗活动上即追求圆满、和谐、平和的氛围和格调，与自然万物，与神灵，走向圆融与合一。

人类靠科学技术获得了巨大的力量，却“不顾给他人带来的牺牲和各种伦理的基准可能受到的侵害，为追求至高的权力而互相争斗，为夺取眼前的利益而置身于杀人的竞争之中”“陶醉于自己的力量”，不是做“该做的事情”，而是做“能做的事情”，只图满足自己的欲望而不去谋取全人类的幸福和维护人类的尊严，成为“无根的人”、“伪现代人”（荣格语）、“单向度的人”（马尔库塞语）。“科学甚至于已经把内心生活的避难所都摧毁了。昔日是个避风港的地方，如今已成为恐怖之乡了。”“人类理性已惨遭失败，那挥之不去的东西却像幽灵般接踵而来。人类在物质财富方面取得了巨大的成果，然而也给自己造成了巨大的深渊，那时世界黄金时代的许诺，已经为无限荒凉、无比丑陋的世界所取代。”为摆脱人类的困境，走出深渊，西方人开始探讨中国的传统文化，企图用儒家伦理道德、人格的全面提高和文化的振兴来挽救灵魂空虚的西方现代人。殊不知，中国人也在寻求提高民族文化素质、加强精神文明建设的良方。对中国人来说，中国民俗审美无疑给我们找到了一个温馨、宁静的家园。民俗中有我们民族的根，有我们民族美丽无忧的童年之梦，置身其中，如同坐在家中，面对亲人，有一种说不出的亲切感、纯真感和温馨感。这里是一片欢乐的“伊甸园”，是“流奶和蜜的地方”，这里没有恐惧、战争和杀戮，有的是人和人、人和自然的亲密无间以及淳朴的乡情和乡音。

人从出生起便受其地区民俗的熏染，“补天造人”的女娲、白娘娘、七仙女、狼外婆故事以及催眠曲、俗谚、童谣等充盈脑中，童年便能从中辨别善恶美丑。然而，科学的发展使人们“背井离乡”，忘掉了这一美丽的家园。荣格说，技术至上造成了神话的退位和隐遁，人类鲜活的灵魂丧失了，人沦为科技的附庸。他呼唤神话，希望借此补偿人类文明带来的心理失调，重返故乡。民俗审美之所以能成为人们温馨的家园，首先它是一种集体审美。在民俗审美中，个体自觉追求与人类的和谐，将自身看作是体现集体的一分子，极力去实现集体的价值，与集体交融互摄，有一种同宗共祖之情，膨胀的私欲在民俗审美中得到抑制和消解。“齐家，治国，平天下”的使命感在民俗审美心理中得到淋漓体现。集体审美消除了人们的隔阂私欲，人与人、人与自然的关系显得和谐而宁静。其次，民俗审美的突出之处便是人和自然的融合统一。人们以一种朋友的关系与自然相处，赋予自然以人格。在任何地方也找不出像民俗审美那种人对自然的亲善、友好以及两者相互交融合一的关系。民俗事象、民俗信仰、民俗艺术中的主题也时时离不开自然的恩惠以及人格化自然的友善。置身民俗审美中，体验人与自然的这种关系，迫使现代人反思只知利用自然、开发自然，而不与自然相处，破坏自然生态平衡的行为。回归自然，与自然和平相处，人类的家园才会明媚清新、温情浓郁。再次，和现代艺术相比，民俗艺术更接近于人们的审美趣味和审美理想，它以雅俗共赏的格调能为人类共同拥有，而现代艺术对许多人来说距离太遥远，如同天书，离奇乏味。民俗审美，则与人的审美趣味相合，“心理距离”适中，为众多人所瞩目和享受。只有在民俗审美中，人们才能体会到本民族的共同的美。中国民俗审美是我们民族的温馨家园，而民俗审美教育则是我们人人都能享受家园浓郁乡情和亲人温暖的途径。

（二）注重实用与“澄怀味象”

注重实用的心态在中国民俗审美意识中占有举足轻重的地位。可以说，任何民俗事象和民俗艺术的产生都源于其实用功能。实用，一是与生命、财富、安全三大人生问题直接相关，如衣食居处民俗、经济民俗、信仰民俗等，始终离不开人们对生存物质和生命繁衍的需求。有了对衣的需求，才会产生服饰风俗；有了对食的需求，才会产生饮食风俗；有了对居处的需求，才会产生居住风俗。同样，有了祈求神灵的祖护，有了对动植物以及自然物的需求，才会产生图腾崇拜和禁忌，才会有祭祀风俗和巫术。二是具有教人知识，劝善惩恶，增强凝聚力的社会功用，如孔子说的“兴”“观”“群”“怨”以及“多识于鸟兽草木之名”。民俗审美意识中这种实用功能是伴随着民俗事象的产生而产生的。我国古代《尚书》便载有“天子巡守”“以观民风”的事。汉代以来，设专官采风，以制订和调整政令。著名英国人类学家马林诺夫斯基认为，巫术“不仅仅是思想方面的一种知识，乃是一种特殊行为状态，一种以理性、情感、意志等为基础的实用态度”。“巫术纯粹是一套实用行为，是为达到某种目的所采取的手段”。提起巫术，人们首先联想到它的神秘性和迷信色彩，实际上巫术信仰从表层到骨子里始终贯穿着实用的态度，驱鬼、逐疫、祈雨、求子、攘祸、渴望五谷丰登、福寿双全等，而驱使人们信仰巫术的动机也便是这种实用的态度和它的结果。恩格斯说："在一切实际事务中……中国人远胜过一切东方民族。"正是这种重实务的人生哲学，中国民俗审美意识蒙上了浓重的实用为上的色彩。中国民俗文学的"投枪"和"匕首"作用也显得十分突出，成为怨刺朝政、鞭挞邪恶、追求自由婚姻、表达喜乐哀怒之情的主要工具。单就歌谣而言，情歌多是抱着一定的婚姻和爱情目的，男女希望通过歌谣来打动情人，赢得美满婚姻；儿歌则多是知识性的东西，启蒙智慧和记忆；谣谚可以说是一种经验科学，为农耕、狩猎、天气、医学之用。

从注重实用到"澄怀味象"，是中国民俗审美心理的必然过程。"澄怀味象"是主体以澄澈的胸怀摒弃杂念私欲，来体味品赏自然物象。这是一种超脱尘世功利，保持"虚以待物"的审美心境，经过审美体验和审美享受后，主体得到无限的愉悦和净化，达到一种"澄怀"的效果。在民俗审美中，一旦人们接触到审美对象，如民俗事象或民俗艺术，首先经历的便是"澄怀"过程，主体不自觉地被民俗美所俘获，被民俗审美中的氛围所笼罩，内心的律动也伴随民俗活动而进行，开始所抱有的实用态度这时便被排挤到九霄云外，"涤除玄鉴"，全身心投入和沉浸在民俗审美之中。民俗审美活动的突出特点是其首先造成一种氛围、一种气势。例如，盛行于我国广西、江西、贵州等地的民俗乐舞傩舞，是一种迎神驱鬼跳的乐舞，演员要戴上假面具扮演各种各样的神，面具古朴雅拙，粗犷怪诞、优雅风趣。演员一出场，那种装扮就把阳刚和阴柔之美突出出来，手持各种兵器，粗犷、滑稽、优美的动作和造型，口中念念有词，时紧时缓、时高时低的鼓声，把人们的心紧紧地吸引住了。随着表演内容的展开，观者与演者达到了一定沟通，观者似乎也加入了活动，人们陶醉于自己的力量和威势之中，仿佛找到了与神共欢的机缘，在这里一切功利都显得微不足道，人们得到了一种心灵的飞升和通体的享受。在民俗审美活动中，主体关心的已不再是驱傩的结果，而是感受到了驱傩这一趣味浓厚的活动本身。"表演出来的自然不是所要达到的目的……就当场情形看，最合乎情理且为术师所不得不模仿的，乃是他自己的情绪状态——这是他要表演出来的东西。"马林诺夫斯基阐述巫术表演的这段话，同样适用于"驱傩"和其他的民俗活动。再如图腾崇拜，"受到图腾敬仰的动植物，都是用作大宗食料的，不然，最少也可食用，有用，或做装饰的"。但就图腾仪式和活动说，这种实利主义的心态已无足轻重，图腾成为一种异己存在，人们对其充满了既崇敬又恐惧的情感，于是图腾仪式表演出一种冲突以及爱惧交加的情绪状态，有一种崇高感和静穆感。另外，人们选择虔诚敬仰的方式来对待自然物，于是仪式中歌舞、音乐与诗成为人们的主要表演方式。通过这样的方式，人们实现了对图腾物的赞扬、征服和超越，人的本质力量对象化得到了充分的实现。图腾仪式同样展现的是民俗审美的心态，而那种实用的态度则伴随着民俗审美活动的展开而被淡化和抛却。

"博闻强志，口辩辞给，人智之美也"。民俗审美注重实用的心理还表现在这种注重"人智之美"上。民谚说："勤是无价之宝，学是明月之珠。积财万千，不如明解一经；良田千顷，不如薄艺随身。"人民渴望智慧和才识，向往多智多谋，民俗传说中的阿凡提、刘三姐、庞振坤、聪明媳妇等机智的人物以及那些全智全能的神灵、得天神助的创世英雄和民族英雄的故事，都是这种心态的体现。可以说，民俗文学创作不仅实现了"人智之美"，而且创造了更多的"人智之美"。在面对更多的民俗艺术时，人们同样需要"虚心待物""澄怀味象"的心境。

（三）忧患意识和乐感意识

忧患意识是入世精神的必然产物，用"生于忧患，死于安乐"来概括中国人的生存状态最确切不过了。忧患是对生存苦难的一种体味，对未来生命无常、福祸无常的一种深深思虑和担忧。在中国民俗审美心理中，忧患意识沉淀极为古老和浓厚。在中国神话传说中，女娲用黄土造人，使其婚配繁衍，重归大地而生存。人们饱受自然肆虐和治世的沦丧，在痛苦、抗争和战战兢兢中艰难地生存着，谨小慎微，担惊受怕，唯恐天灾人祸再来扰乱这种生存状态，唯恐绝望和致命的打击再降临其身。而西方神话中，上帝创造人后，人是在无忧无虑的伊甸园中过着快乐的日子，后来由于背叛而遭逐，人身上只有一种"原罪"感，人生活只是不断地赎罪，以重返失去的乐园。

中国民俗审美的忧患意识表现在：首先是对生命短暂、生存无常的担忧和感慨。《古诗十九首》中"人生寄一世，奄忽若飘尘""人生非金石，岂能长寿考""人生忽如寄，寿无金石固""所遇无故物，焉得不速老""万岁更相送，贤圣莫能度"都是这种心理的直接流露。为化解这种忧患而出现的民俗事象迭相环生。例如，中原地区的生育风俗，新生儿一般要戴长命锁、项圈，穿百衲衣、虎头鞋、五毒兜肚，盼其能长命百岁；过年时，长辈要给晚辈小孩"压岁钱”，希望其岁岁平安；人满60，子女为其祝寿，仪式隆重，宴请宾客，送“寿桃”“寿面”以盼老人寿比南山；民间婚姻讲究“八字”相合，以期能白头偕老，共结百年之好。民间生育风俗中重男轻女也是对能延伸家族生产的一种重视，甚至连死亡也被看作是“转生”，要“护魂”和守灵。民俗艺术中，求生命富贵与长寿的题材占据较多的内容。月亮神话中，“姮娥，羿妻。羿请不死之药于西王母，未及服食之，姮娥盗食之，得仙，奔入月中，为月精也”，是对追求生命长寿的夸张幻想。故事传说中的神仙，历经磨难而永生的英雄，民俗绘画中题材众多的对福寿的借代表现等，无不是这一意识的体现。其次，是对命运前途多舛的担忧。人生常遇意料不到之事，贵贱祸福难断，生老病死也无期。正如冯友兰先生说：“人生如打牌，而不如下棋。于下棋时，对方一时所有之可能底举动，我均可先知；但打牌时，则我手中将来何牌，大部分完全是不可测底。所以对下棋之输赢，无幸不幸。而对于打牌之输赢，则有幸不幸。善打牌者，其力所能作者，是将已来之牌，妥为利用，但对于未来之牌，则只可靠其牌运。”但对于人的命运，对于好运与厄运，人们不但相信“自王公逮庶人，圣贤及下愚，凡有首目之类，含血之属，莫不有命。命当贫贱，虽富贵之，犹涉祸患矣。命当富贵，虽贫贱之，犹逢福善矣”，还总想探究和揭示其中的奥秘。《易传·系辞上》说：“乐天知命故无忧”，如何做到“乐天知命”呢？民俗中产生了“择吉风俗”，以期早些知命，选择其利，以避祸灾。最后是祭祀、禁忌风俗，以媚神灵，祈求神灵来保佑其获好运，对神灵下跪和求拜，严肃而虔敬；还要行善，以盼望能打动神灵，赐其好运。总之，知命则避害趋利，但求福贵，不知命则求助神灵，多赐其势命。这些方式使人们在主观上知命与不知命都能够解除烦恼，达到“无忧”之境。

乐感意识和忧患意识是两种不同的审美情怀，中国人面对忧患，并非消沉下去、萎靡不振，而是在极力自觉不自觉地寻求着消除忧患的良方。民俗审美则无疑为忧患意识找到了依赖、寄托和突破口。在民俗审美中，人与大自然融合为一，“你中有我，我中有你”的亲密关系使其能尽性知天，在纯朴、归真和盎然的自然中寻求到无尽的快乐和人生极致。从这点说，中国民俗审美心理又具有其乐感意识的一面。中国的民俗节日不仅繁多，起源又多有不同说法，但我们是否可以说是重负忧患意识的人们在自觉地创造欢乐呢？事实证明，民俗节日的演变传承至今，愉悦欢乐的气氛和成分是占主要的。中国民俗节日有春节、元宵、清明、七夕、中秋、重阳等大的节日以及上巳、中元、寒食等各地众多的地方性节日。各少数民族的传统节日、民间盛会等也非常繁多。其间，舞龙、舞狮、高跷、旱船、鼓舞、秧歌等民俗乐舞，赛龙舟、赛歌、赛马、摔跤、杂技等民俗游艺技艺，伴着人们观灯、踏青、团圆、赏月、登高等游乐活动，加上走亲访友、宴请宾客的礼仪活动和饮食风俗，真可谓是欢乐的海洋。节日使忙里偷闲的中国人得到一种暂时的解脱和欢娱，平时的忧心在节日里冲淡化解，被节日欢乐氛围所浸染的人们无不荡漾着欢乐的情绪。至于山歌、儿歌、民俗故事传说、谜语、民俗小戏、民俗美术等民俗艺术形式，无不以欢乐为主调。正如山歌唱的"唱个山歌解忧愁""饭养身子歌养心"，民俗审美的这种"解忧愁""养心"的功能充分显示出民俗审美意识趋向乐感的特质。

中国民俗审美的音调凄婉而不哀伤，沉郁而不低下，豁达而不悲悯，温和而不狂妄，在忧患中爆发出积极进取、乐观向上的执着人生，透出刚健、清新、自强不息、自娱自乐的气息。正如高尔基所说的："民间创作是与悲观主义完全绝缘的……（创作者们）似乎出于本能而意识到了自己的不朽并且深信他们能战胜一切和他们敌对的力量。"中国民俗审美心理亦是与悲观主义完全绝缘的，虽忧尤喜，虽悲尤喜。民俗神话与传说都有一种不屈不挠的精神，悲剧的故事最终仍是大团圆结局，如梁祝化蝶双双飞，焦仲卿和刘兰芝殉情共结连理，娥并和桑洛殉情化星来相会（傣族），美梅错和文顿巴殉情变成盐和茶在藏族饮茶时相团聚，这些爱情故事的结局都是最终结合和团圆，并没有那种悲观的味道。民间把生育看成是喜、将结婚看成喜，甚至将死亡也看成喜事。民间有"红白喜事"之说，畏惧死亡，但又视死亡为"转生"，去寻找乐的世界，因此几乎全族出动送葬，歌、舞、乐助之，抚慰死者灵魂早入天界。

正是"生年不满百，常怀千岁忧"的忧患意识使中国人奋勇前行，在民俗中创造和寻求着安乐，并在欢乐中体验忧患、消解着忧患，也正是由于这种忧患意识，更多的民俗美被创造出来，并呈现斑斓的色彩。

（四）心理补偿和心理寄托

心理学的研究表明，人类心理是一个系统的自组织结构，当它感到某种缺失时，会产生一种强烈的需求愿望，而且心理的发展是一个"不平衡—平衡—不平衡"的动态连续发展过程。心理不平衡是由于现有心理水平需求与外界刺激的矛盾而产生的，当矛盾得到解决，即心理需求得到满足和补偿，产生暂时的心理平衡，同时孕育着新的需求和不平衡。民俗审美便又肩负着一种娱乐功能，作为对闲暇和劳累的补偿而出现。劳累的人需要短暂的休息和娱乐，民俗节日便因此需求而产生，为负重的人们找到了偷闲的时机。正如有人所说："审美是一种隔离，一种超脱，一种超越人现实物质需求的精神需求。"

审美是忙碌人生中一种短暂而弥足珍贵的休憩，人类精神在这种飞扬中得以观照自身，观照浩渺的过去，观照冥冥未来。人的精神将在审美的洗礼中，变得健康，变得多情，变得真诚，滋生出勃勃生机。

在我国的北方地区，秋收播种后是一段漫长的冬天，在这段时间里人们不甘寂寞，寻找更多的喜事来打发。因此，婚嫁多在这段日子里举行，而且四乡五邻前来观看助喜，宴请亲友、款待族人、吹吹打打、喝喜酒、迎娶、闹洞房、回门等风俗使这热闹欢乐的气氛持续数日。这期间，民间又多有庙会、歌舞表演、祭祖活动等，男女老幼无不洋溢着喜气、尽兴游乐。元旦、春节这两大民俗节日的准备及欢度更令人沉浸在欢乐的海洋里。这是对闲暇的补偿，是人们空虚的心理暂得欢乐的充实和调剂。民俗艺术的产生同样是在人们的劳累之余或闲暇之时，用即兴的口头创作表达劳动的感受和内心情感。夜晚油灯下的故事讲述，田间地头的俗语和传说，乘凉大树下的民俗游艺……这就是劳动人民欢乐的补偿，在民俗审美意识中显得尤为普遍和常见。人们无法预料和抵抗死亡，便转向对生的注重，"生殖崇拜"一直是民俗审美中的一根主弦。从古壁画陶塑中对男女生殖器的夸张描绘到今天民俗中人们对生育信仰的虔敬，从"观音送子""麒麟送子"到人祖崇拜，从长寿锁、虎头鞋、五毒兜肚到"多子多福""华封三祝"的祝愿，人们无不能听到这根弦上弹出的重重音符。重生殖，是对无法抵抗死亡的补偿，将人的死亡看成是一大人生仪礼，把死看成了生命的延伸和重新开始。土葬、水葬、火葬、日葬、风葬、树葬、悬棺葬等不同的葬俗，都有着一种共同的信念，让死者早归天国、早早还生。葬礼往往像婚礼一样隆重，跳丧乐舞、护尸乐舞、引魂乐舞、护灵乐舞，更是表明死不是生的句号，而只是一个分号，这种再生心理对生命失去的补偿，平衡了人类失去亲人的悲伤，补偿了生命的缺失。

补偿是对现实的不足而产生的，心理寄托也是对现实的不足而造成的。寄托是将无法满足的需求和希望托付给自然、神灵和他人，企图借助外力，达到一种满足。在民俗审美中，寄托是一种主动性的心态，它和依靠不同，依靠是主体完全依赖别人，服从别人的意愿而行动。寄托则是主动地将希望托付给人或物，在这一过程中，主体已获得了一种安慰和解脱。寄托不像依靠那样注重结果，而是多考虑过程本身。例如，中原地区太昊陵每月农历初一和十五都挤满了祭祖的善男信女，他们千里迢迢赶来，给人祖爷和人祖奶奶送香和纸钱，便是托付给人祖一大心愿——求子，下跪叩头而拜，极为虔诚。他们的心理已经找到了寄托，获得了一种替代的满足。民间泥人泥玩，剪纸窗花，对联门神，女红工艺以及祭灶风俗，过年燃爆竹风俗，祭神风俗，扫墓风俗，观灯赏月风俗等都蕴涵着人们对生命、财富、平安、丰收等的祝愿和寄托。在民俗审美中，心理寄托也是一种心理解脱，对生的忧虑、对死的恐怖、对财富的乞求，都通过民俗审美而解脱开来，托付到自然和神灵身上，使心灵获得一种轻松愉快的自由和欢畅。每一民俗事象中都缀满了沉甸甸的心理寄托和心理渴望，人们从民俗审美中卸掉了一个个重重的包袱。因此，民俗审美中的人是轻松的、自由的，是欢乐的、无忧无虑的。

（五）雅俗共赏与群体体验

在中国，民俗审美相对于艺术来说，命运是极其多舛的，它不仅长时间被认为是一种庸俗的乡下人文化，而且还被视为不能登大雅之堂的迷信。近些年，由于人们思想解放和审美需求的多元化，民俗审美的独特魅力才得以展现。它以迷人的风姿盛行乡里，还走上艺术舞台，为众多的文人、市民所青睐，透出雅俗共赏的审美格调。

英国心理学家布洛用“心理距离”来解释审美现象，认为主体产生美感需和实际生活、实用目的有一种距离，即必须超越功利。距离是通过把客体及其吸引力与人的本身分开来而获得的，也是通过使客体摆脱了人本身的实际需要与目的而取得的。

在审美中，主体的审美心理，尤其是审美能力和审美兴趣与审美客体之间的确有一种距离。距离合适，即客体符合主体审美兴趣，主体审美能力能够接受这种美则能产生美感，否则就不能产生美感。主体心理和客体间距离太远，超越了主体的审美能力，人就无法理解其中所蕴含的美。只有主体对审美客体有极大的审美兴趣并主动对客体“凝神观照”，在观照中超越功利，物我两忘，才能产生一种审美的体验。中国民俗的美，源于人们的生活，是与人民戚戚相关、共生共长的，它和人们的心里没有隔阂，不会产生太远的距离。面对民俗的美，正如上面所分析的，主体的心态由实用而走向“澄怀味象”，忘却个人私欲和功利，任何占有欲和卑劣杂念都消失殆尽，在民俗审美中获得无尽的欢乐享受和美感。超越实用与功利而面对民俗美，表明主体与民俗美又非太近的距离。距离适中，才使民俗美为众多的人观赏和领略。无论是黎民百姓，还是文人雅士，面对陕北高原上安塞腰鼓那种粗犷有力的节奏，那种气冲霄汉、魄摄九州的气势，那种征服一切、压倒一切的精神，无不情怡而神荡，叹服这是真正的艺术，是“真美”。节日欢庆中的民间乐舞花灯会、龙舟竞渡、赛歌、赛马，各地的奇异婚俗、葬俗、服饰佩戴风俗、饮食居处风俗，各种民俗工艺、女红、泥人、糖人、面人等民间手艺，都令人感到妙丽奇绝、优美无比。我们不仅能够欣赏本民族和本地区的民俗美，而且对兄弟民族、不同地区多姿多彩的民俗风情，同样能够欣赏和享受。单就民俗艺术而言，我们许多人在童年时脑子里装满了祖母、外祖母讲的童话故事，并由此编织了许多斑斓的童年之梦。伴着生活和成长，人们对民俗美的理解和感受也愈来愈深刻，对民俗谚语、故事传说、民俗说唱、民俗剪纸、雕塑、绘画等都有着一种偏爱的情绪。对国内外学者文人来说，真正能够使他们动真情的还是一个地方独特古朴、纯真自然的民俗美。我们能看出，雅俗共赏给民俗审美赢得了更多的观众，也彰显了自身非凡的魅力。例如，我国北方朝鲜族妇女有荡秋千的习俗。端午节这天，成群的年轻妇女，身着艳丽的服装，来到高高的秋千架下荡起秋千，时而腾空而上，时而俯冲而下。真是“身轻裙薄易生力，双手向空如鸟翼。下来立定重系衣，复畏斜风高不得。旁人送上那足贵，终赌鸣珰斗自起”，长裙飘舞，姿态万千，优美异常，表现出妇女们大胆追求欢娱、自由、勇敢的精神。身处此风俗情景中，哪怕目不识丁，亦会由衷地感到一种吸引和感染，享受到其中的无穷乐趣。而取材于这一习俗的民俗摄影作品《只疑鸥鹭天外来》，是对一姑娘荡秋千的瞬间定型，姑娘荡秋千的身影和背景急速移动的色线，给人一种凌空腾飞之感。其中，动感的美，自由逍遥的情调，恐怕就只有经过一定的艺术熏陶的人才能体会到。可见，民俗美迎合大众的审美兴趣，适合大众的审美能力，和人们的审美心理距离适中，为人们所喜闻乐见。中国民俗审美意识是一个相对稳定、不断更新发展的动态体系，虽然受自然环境、社会、文化、历史等因素的影响，但其本身又具有相对的独立性，这表现在其具有较强的历史继承性与社会发展的不同性以及自身内部的规律性上。就民俗本身而言，它不单是“遗留物”和“残存物”，同样是继承和创新的产物。而在继承和创新中形成并不断发展的民俗审美意识，一方面显得更加积极活跃和多姿多彩；另一方面，在其深层中，则不断积累和沉淀着蕴涵自身规律变化的属性。这些变化属性的积淀如同一条条血脉，使人们能更加清醒地认识到中国民俗审美心理与意识的由来、发展和趋向，帮助人们更加容易地理解中国民俗审美意识的独特品质和内在规律。

第二节　在哲学基点下透视民俗文化的审美

一、宇宙意识对美的渗透

宇宙意识是最高层次的一种精神现象，是最典型意义上的世界观。它是潜在的，是一种无意识的意识，积淀在最深处，人们可能一时捉摸不到，却不能漠视它的存在。因此，我们研究中国的审美文化就不能不先探索宇宙意识对审美的渗透和统摄。

（一）作为一种特殊宇宙观的“天人合一”

宇宙观最根本的问题如下。宇宙万物的本原是什么？人与自然的关系是怎样的？中国古代学者的回答并不是一致的，但占主导地位、起支配作用的，对前一个问题的回答是“道”，对后一个问题的回答是“天人合一”。其实，这两个问题也是一而二、二而一的。“道”是“一”，天人同一个道，所以天人可以合一。换句话也可以说，天人合一，其前提、基础是道。审美有一个关系问题，天人合一揭示了人与自然的一种关系，它对审美活动具有更为直接的意义，因此我们就着重从天人合一的命题来探讨宇宙观的问题，而把“道”作为天人合一的应有之义。这样，对天人合一就可以有两种理解：一是天人合为一；二是天人合于一。天人合为一是本义，天人合于一是可包容义。

这里一个饶有兴味的问题是，天人合一是不是对等的“合”？笔者认为，不是对等的“合”，而是以人为主的“合”。孟子所谓“万物皆备于我”，庄子所谓“天地与我并生，万物与我为一”，虽然是唯心主义的观点，却突出了人的主体性。这与西方有着显著的不同。西方对自然采取的是理智的、科学的态度，他们使用理性的方式、科学体系的方式来研究自然、把握自然，具有一种强烈的自然哲学精神。可以说，不断地探索自然的奥秘，追求客观物质世界的真实，是西方文化的精髓。中国则并非如此，我们知性的对象是人，更多的是指向“自我”，追求主观精神世界的真实。由此可见，中国文化强烈的伦理——政治的人文主义特征。所谓“天人合于一”，即是要回答为什么天人能够合一？它的前提是什么？古人的认识是，它们都有一个共同的本质——道。最早提出道为宇宙本原的是老子，他说:“有物混成，先天地生。寂兮寥兮，独立而不改，周行而不殆，可以为天下母。吾不知其名，强字之曰道，强为之名曰大。”道虽然“寂兮寥兮”，不能凭感官捕捉到，但它是“先天地生”的一种“物”，是一种无可置疑的客观存在，可以认为这就是相当于我们今天所说的客观规律。

这里需要指出的是，古人把“道”与“仁”“性”“德”联系在一起，当作一回事，不仅从天人合一引申出了天道人道合一，还推演出探求“道”，可以“不假于物”，只要“求诸己”，甚至就是要从探求人道入手，只要追求道德完善，就可以达到“道”的极致。这些论点弥漫着一种唯心论的气息和神秘的色彩。但透过迷雾，我们也可以看到古代哲人对人的主体性的确认和特别突出地要使人的注意力放在完善自我上的企图。

从宇宙意识的角度来说，天人合一的观念，儒家、道家、法家、阴阳家都是异曲同工的，经过互相补充、互相熔铸，在春秋战国时期，已经形成了一个严密的体系。以后的新篇章只不过是再版时一次又一次的修订，中心思想并没有变化。天人合一的思想无论在当时还是在其后都受到过挑战，荀子就提出过“天人之分”的观点，刘禹锡还有“天人相胜”之说，并指出“天理”与“人理”的区别。但是，从整个中国文化史来说，天人合一的思想始终是占统治地位的思想。那么，这种天人合一的宇宙观又为什么能全面地渗透到中华民族的审美意识中来，并产生巨大的影响呢?

首先，天人合一的宇宙观虽然不可避免地带有唯心主义的特征，但正如马克思所指出的:“从前的一切唯物主义——包括费尔巴哈的唯物主义的主要缺点是。对事物、现实、感性，只是从客体的或者直观的形式去理解，而不是把它们当作人的感性活动，当作实践去理解，不是从主观方面去理解。因此，结果竟是这样，和唯物主义相反，唯心主义却发展了能动的方面，但只是抽象地发展了，因为唯心主义是不知道真正现实的、感性的活动本身的。”从有利于发展人的主观能动性来说，天人合一对审美活动的影响不会完全是消极的。因为审美作为对世界的一种特殊的精神——实践的掌握方式，它与物质实践不同，并不要求立即采取直接的实践行动，对永恒和无限缺乏浮士德那样一种百折不挠的求索意志，结果人在自然面前的虚幻强大就反而导出另一个极端——过分脆弱。尽管“醉里乾坤大”，一旦清醒过来就会感到，面对永恒，人生是多么短暂。月有阴晴圆缺，人有悲欢离合，天有不测风云，人有旦夕祸福，在感性经验中，天人似乎是互相感应的，天道、人道也似乎是息息相通的。审美是形象思维，是主情的，情感的表现往往凭依于比兴，睹物生情，移情于物，人与自然似乎是同忧患共安乐的。因此，人们追求美，追求美的内蕴。内在的美是自然的神韵，是人的神韵，人与自然又似乎是一致的。这样，在审美心理中，天与人也就合一了。

（二）人对自然的精神自由

天人合一的宇宙观，在中国人的审美感受和审美创造中确立了一种对待人与自然关系的基本态度，即把握世界，往往以人为出发点和归宿。人对外部世界、对自然，终始保持着一种精神上的自由。在人的审美心理中，自然可以被自由地认同、自由地驾驭、自由地吐纳。

首先，是自由地认同。既然是天人合一，天、地、人的本原都是一个“道”字，“道”对自然与人都是同一个东西，它们具有同样的性质，那么彼此也就是息息相通的。因此，艺术作品常常表现出一种自然与人相互感应的情况。在中国古代的诗歌中，一首诗中常常包容着两个世界：自然的世界与心灵的世界。这里与艺术心灵亲密对话的自然，不是偶像，不是守护神，而是邻居，是朋友，是知音，它们有着和人一样的情感、遭遇和命运。正因为这样，“君子”可以从“维鸿”身上联想到自己体验的情感，而“孔雀”对焦仲卿和刘兰芝的不幸才这样充满着同情。这是主“情”，那是主“利”，完全是两种不同的价值观念。

第二，天人合一，“我”与“非我”的一体化，“小宇宙”与“大宇宙”的互渗互摄，反映在中国审美自然面前保持了绝对的尊严、绝对的精神自由。然而，不可回避的事实却是作品出现的往往是喻体，而不是本体，融情于景，也就是寓人于物。这样，人的形象就往往得不到正面的、充分的展示。自希腊雕塑以来，西方一直是以人甚至直接以人体为主要再现对象的，中国则强调“诗者天地之心”。所以，我国田园诗、山水画特别发达，成了中国艺术中独具特色的精品，即使并非以田园、山水为题材的作品，也往往摄取了许多自然界的形象，如屈原的《离骚》、苏轼的《水调歌头·中秋》等。此外，一些直抒胸臆之作，也充满了自然物的形象，如辛弃疾的《菩萨蛮·书江西造口壁》。可见，对于中国艺术的形象体系来说，天人合一使情感的表达呈现出一种既是直观的又是曲折的特色。

第三，天人合一，自然与人的界线的弭灭。这种宇宙观渗透到我们的审美活动中，人的心灵、情感便成了审美关系中真正的王者，自然也就可以为人们自由地驾驭和吐纳。从屈原的《离骚》中，我们可以看出诗人驾驭自然表现出了多么巨大的精神力量。诗中所调动的众多自然形象具有丰富性、运动性、反复性、象征性等特点，但都是诗人情感的物化，由诗人表现自我的内在需要而被自由驱使、自由采用。其实，这种情况不仅《离骚》如此，即使是充分写实的《诗经》，也出现大量其他的自然形象，它们也都是从属于人的心灵和人的活动的。与之不同的是，《荷马史诗》对自然形象却很少关注。据统计，《伊利亚特》中对事物的审美评价有 493 次，对人和神的审美评价有 374 次，而对植物世界的审美评价却只有 9 次。可见，以人为主体，自由地驾驭自然，是我国审美意识一个具有普遍性的而又是独具的特征。

与此密切联系的是人对自然的自由吐纳。正如嵇康所点破的：“目送归鸿，手挥五弦。俯仰自得，游心太玄。”我国的诗人、画家、音乐家、建筑师确实是抓住了“俯仰自得”的要领，表现了自由吐纳万象的精神。

审美活动中“大宇宙”和“小宇宙”的和谐，从积极的意义上，可以开拓艺术空间，使内部世界和外部世界沟通、和解、浑然一体，一方面主观世界能呈现为感性形态，另一方面客观世界能获得生气的贯注。但是，从消极方面说，人对大自然的亲密感、认同感，使我们古代不少作家、艺术家让自我在广阔的自然中自由驰骋，而缺乏对社会生活进行整体的、划时代的艺术概括，因此汉文化的艺术画廊里难得有《伊利亚特》《奥德赛》那样雄伟的史诗。

（三）人与自然的双向迷失

人与自然二者以人为主体的合一，意味着自然不是以一个客观物质世界成为人们知解的对象，而是作为人的化身被进行道德的领悟。自然失去了它的自满自足的独立品格，往往被人的精神所认同。应该说，自然本体性的丧失，不仅是自然科学的陷落，而且是真实意义上的自然美的受损。这是我们民族独特宇宙观念的一个重大缺憾。

首先，同西方人把宇宙看作一个对抗的世界、混沌的世界、真实的世界相反，在中国人的宇宙意识中，自然纯粹是一个无差别的世界、净化的世界、梦幻的世界。例如，同是表现月光的乐曲，贝多芬的《月光曲》虽然开始也是用舒缓的乐音，展示银纱般的月光照着微波粼粼的海面的情景，但调子越来越激昂，这个清幽的世界很快就被打破了。随即展现的是海面上刮起大风，大风卷着巨浪，巨浪朝着岸边汹涌而去，让我们想象到一个尖锐冲突、紧张搏斗的世界。而我国的《春江花月夜》却始终是那样的静谧、安宁、温馨，如梦如幻，令人沉醉。这说明中西方在审美意识上的重大差异。西方强调的是人与自然的对立，中国强调的是人与自然的同一；西方强调的是人与自然的冲突，中国强调的是人与自然的和谐；西方强调崇高，中国强调优美。在这种宇宙观的影响下，我们在审美过程中常常对自然采取一种"悠然"的态度。陶渊明说："采菊东篱下，悠然见南山"，南山的美与不美，决定于是否悠然见之。笔者认为，这种意见是颇有道理的，以悠然的态度观照自然，产生一种闲适的心境，这样的例子是举不胜举的。这种审美态度和美感特征，有几点是值得重视的。其一，作家、艺术家常常用和谐纯净的自然与贪婪的社会相对比，对黑暗现实是一种有力的否定。其二，作家、艺术家极力超脱丑恶尘世，徜徉于平和、清新的山林田园，往往可以体现一种不同流俗、洁身自好的品德。虽然这也是一种消极的人生态度，但总比同流合污好。其三，心性平和，淡泊宁静，对自然现象体验细致，笔之所至往往能极尽精妙。就连"穷年忧黎元"的杜甫，一旦投入自然的怀抱，也能写出"细雨鱼儿出，微风燕子斜"那样的佳句来。

二、民俗中的哲学——以鄂西土家族为例

鄂西土家族的民族风习蕴涵着丰富的哲学思想，其中所表现出的对生存（生活）与死亡的认识，反映了土家族所具有的朴素自然的辩证唯物主义哲理思想。

（一）生育中的哲理思想

鄂西土家族将结婚、生孩子，当作是人生中的大“红喜事”。由于缺乏科学生育知识，民间流传着一些感生神话故事，但故事的内容含着唯物主义成分。例如，在土家族传讲的《鹰公公与佘婆婆》神话里，佘香香姑娘之所以生下一男一女，是梦中见有鹰钻入怀内。这就很明显地告诉人们，是鹰公公播种于腹中，才得以生育。在结婚仪典中，有些地方的土家族特有的蛋仪也富有哲理性。新娘“上头”“开脸”，要用男方送来的两个红鸡蛋滚脸，表示从此由姑娘变成妇女了。新娘出嫁上轿前，新娘母亲将红鸡蛋放入姑娘荷包。下轿步入洞房时，新娘故意跌倒，将蛋掉出来，以示自己能生“蛋”，婚后必将美满。继而，再将蛋煮熟给新郎、新娘吃。新娘、新郎在吃蛋时，每人碗里各盛两个，但要各吃对方碗里一个，俗称吃“合抱蛋”，类似于喝交杯酒。吃了这种“合抱蛋”，意味夫妻“和抱”“儿女双全”。生孩子后，亲友们来“贺生”，还要煮“合抱蛋”招待。所有这些蛋的仪典、习俗，皆为暗示生育孩子，是男女结合的结果。这种蛋的仪典，实则是种朴素的唯物生育科学的演示。

鄂西土家族民间流传的“脱生”观念，也包含着颇有意味的哲理思想。妇女在生孩子的时刻，家人十分注意有什么动物的叫声，如遇什么动物的叫声，就认为是什么动物脱生。这种“脱生”的观念又与“人死脱生”的观念相对应，虽具有灵魂不死的神化观念，却又生动地体现着朴素的万事万物新陈代谢与生死互相转化的哲学思想。人们对新生儿屁股上有块乌块的解释也富有哲学意味，认为是婴儿在降生之前，不愿来到人间受苦，于是观音娘娘一巴掌把成熟的婴儿打下来到人间，含有瓜熟蒂落的哲理观念。

（二）喜事兴哭，忧喜相伴

对父母来说，嫁女是喜事。然而，在鄂西土家族地区，姑娘出嫁的喜庆的日子却兴一个“哭”字。出嫁是喜事，哭嫁是风俗。“哭嫁”的特殊习俗也富有哲理性。这“哭嫁”，非同一般的哭。哭的内容，就有“哭爹娘”“哭兄嫂”“哭姊妹”，时断时续，哭至出嫁。哭的形式也很丰富：有嫁娘“独哭”；有父母、兄嫂及给嫁娘送礼的亲族“对哭”；更有伴嫁姑娘与嫁娘摆起酒宴，群团性的“赛哭”。哭的情感，皆真切、悲凄、动人。无论是什么人哭，都哭得声泪俱下，令人揪心撕肺、肝摧胆裂。土家族清代诗人彭秋潭写道：“十姊妹歌歌太悲，别娘顿足泪沾衣。”

鄂西土家族姑娘“哭嫁”，既是将喜事中的忧愁揭示出来，又是为将忧转为喜。“哭嫁”，诉说人生转折所带来的忧愁之苦，其目的是解脱忧愁之苦。由一人哭，诱发众人哭，为的是以哭释哭，以哭去哭；今天哭，明天不哭，让新的生活充满欢乐。新娘哭诉“恋亲恩、伤别离”“忧人生”，爹娘、兄嫂、叔婶、母舅、姊妹们，就会陪哭、劝慰、勉励，述说为人处世哲学，勾画成家立业的幸福画图，激发迎接新生活的能力，为新娘在社会中担任新的角色增添一种新的精神积累。土家族姑娘“哭嫁”，不是不愿出嫁和反抗出嫁，而是为了更好地出嫁和做新嫁娘。姑娘用“哭嫁”，将心中的苦情抒发出来，将忧愁用泪水洗去，将亲人的祝福带向喜的前途。这种对事物两面性的认识和相互转化的观念渗透在“哭嫁”的过程中，这就是“哭嫁”的哲理所在。

（三）丧事仪典中的哲理思维

鄂西土家族跳丧祭亡的习俗，是这个民族对待死亡一种乐观的表现方式。“谁家开路添新鬼，一夜丧歌唱到明。”“父母亡，鼓报丧，众必跳，歌必狂。”乡邻亲族团聚“跳丧”“歌丧”“送丧”。这种民族传统的丧葬，表现出他们积极向上、旷达乐观地对待“死”的态度。

丧葬习俗，是对待生死观念的具体化。鄂西土家族的“跳丧”，欢歌狂舞的丧仪，是向死者送别、为死者“庆寿”，不是为了活人演奏悲伤的哀乐。一种生命形式的死亡终结，又是另一种生命的开始。丧事不哀，表现了鄂西土家族人的生死观。从人类繁衍的寓意解释，有死就有生，死是新生，生与死是相互影响、相互联系的。人死是悲痛的而不是欢快的。土家族的悲与欢与众不同，人死而不悲。“旧俗殁之夕，其家具酒食，邀亲友，鸣金伐鼓，歌呼达旦。或一夕，或三五夕，谓之暖丧。”（同治《巴东县志》）这种跳丧祭亡，称为“丧事喜办，哀而不悲”，故称之为“白喜事”。这种悲与欢转化的实现，是基于土家族对生与死辩证的思维认识。跳丧祭亡的习俗对于人际关系的转化也有着非常特殊的功能。

第三节　民俗文化审美中的多维视野

由于自然环境和人文环境的差别，民俗也会各式各样，但也有共有的基本特征。民俗文化包含了民众物质生活和精神生活的诸多民俗事象以及由此产生和表现出的多种文化内涵和文化价值。民俗文化主体是人，而人的本质又是全部社会关系的总和。个体因民俗而有社会生活，社会因有民俗而被认知、认同为一个共同体。民俗文化的四大要素——生理、地理、物理、心理之间相互交叉、相互作用，是整个文化的重要组成部分，更是特定的民族在历史实践活动中创造和积累的文明成果。

一、民俗文化的特征及功能

在我国的传统文化中，儒家文化具有主体文化的地位，注重人际关系及群体意识。我国的节日民俗在这一文化传统的土壤中生长自然受到影响，一方水土养一方人，一方人形成一方文化。在生产生活中，人们创造了极为丰富的具有浓郁特色的民俗文化。民俗文化有以下特征。

①群体性：民俗的群体性是指民俗的产生、传承和发展群体活动的结果，如中秋节有赏月、吃月饼的习俗。

②地区性：是指不同地域拥有不同的民俗事象。俗话说："十里不同风，百里不同俗。"川菜的麻辣鲜香，沪菜的浓油赤酱都是典型例证。

③民族性：是指任何民俗事象，都是在一个民族特有的历史文化与社会生活的背景中形成的，如彝族的火把节。

④传承性：我国民俗文化大多是继承多年来的历史传统而形成的，是一种世代相传的文化现象，如春节、端午节。

⑤稳定性：民俗被大多数人遵从，就形成较强的稳定性，如春节时贴春联、贴门神、吃年夜饭、放鞭炮，在元宵节吃元宵、赏花灯、猜灯谜等传统节日活动，一直传承至今。

民俗之所以被人们传承，是因为民俗有其特有的功能。个人走向社会、个人适应社会一般是从入俗开始的，民俗为每个人成功地担任角色、承担责任、完成社会化提供了最基本的行为模式。民俗最基本的功能有以下几个方面。

①整合功能。调整人与人、人与社会之间的关系，使双方协调一致，让社会系统在整体运动中保持相对稳定。

②规范功能。民俗通过不成文的规约、程式化的礼仪、习惯化的行为方式，对生活于其中的社会成员的心理和行为产生约束和控制。

③教化功能。在个人的社会化过程中所起的教育作用，体现在个人的道德品

质、知识经验、行为方式等方面。

④ 选择功能。人类虽然受到民俗文化的制约，但人类具有主观能动性，因而这种制约不是绝对地发生作用，而是有助于人们进行各种价值选择。

民俗文化是沟通民众物质生活和精神生活，反映社区的和集体的人群意愿，并主要通过人作为载体进行世代传承的生生不息的文化现象。民俗文化表现出丰富的内涵和多彩的形态，为我们展现着民族发展的历程和民族精神，是一个民族宝贵的文化财富，是我们发展文化事业、推进民族地方文化产业建设的重要资源。

二、风貌和民族文化景观——以保山市少数民族为例

保山悠远丰厚的历史孕育出灿烂瑰丽的民族文化，边地少数民族文化与中原汉民族文化在这里水乳交融、互为渗透，形成多元并存的文化特质，既有边地少数民族文化的神奇独特，又保留了中原传统文化的典雅淳厚。在高黎贡山脚下，怒江、澜沧江流域这块古老而神奇的土地上，生息繁衍着 36 个少数民族。各民族交错而居，形成“大分散，小聚居”的格局。各民族的生存方式、宗教习俗、建筑文化、服饰文化、节日文化、饮食文化以及音乐舞蹈、民间文学等都得以传承和沿袭，形成独具魅力的多元民族文化景观。在节庆习俗中，保山端阳花街是保山各族人民的传统盛会，明代旅行家徐霞客曾为此写下“群花尽放，凭空望之，满城皆花，如锦如云，极为佳丽”的诗句。花街盛会在每年端午节举行，届时上市花卉有数十万盆（株），其中以兰花居多。如今的端阳花街也是大型综合博览会，花药鸟虫、土特产品、日用百货一应俱全，全城张灯结彩，货棚琳琅满目，中外人士、商贾名流纷至沓来，蔚为大观。居住在保山腾冲、龙陵二县的傈僳族，每到农历二月初七要举行惊险的刀杆节。夜幕降临时分，人们点燃篝火，唱歌跳舞，等到篝火燃尽，形成一个彤红的火塘时，若干精壮青年喝下烈酒，赤足走进火塘中，这就是著名的“下火海”。次日中午，人们在草坪上竖起一根高杆，上面横绑着刃口向天的数十把长刀，5 名下过“火海”的青年奋勇攀登至顶，这便是“上刀山”，展示了傈僳族青年的英勇无畏，是我国民族传统节日中最为惊心动魄、最为神奇勇敢的节日之一。傣家人以泼水来庆祝傣历新年，故又称“泼水节”。傣族是一个崇拜水的民族，把水视作吉祥、友爱、美好的象征，通过泼水表达祈求雨水和丰收的愿望。每年正月十五，保山河图镇都会举行哀牢犁耙会，举办地大官庙是传说中

的哀牢国大官供奉地。犁耙会期间，人们带上犁、耙、锄、箩等农具和各色小吃来到哀牢山下，互通有无，为即将开始的春耕作准备。最早的犁耙会主要是进行各式各样的农具交易，如今犁耙会已经成为保山很有影响的民间文化经济活动。保山美食以腾冲为代表，在云南独树一帜，具有油而不腻、酸辣有度、香而爽口的特点。最著名的特色菜有大救驾、大薄片等，锅子也是风味代表。保山自古便是“金银宝贷之地”，不仅贸易繁荣，而且物产丰富。翡翠是边城宝货，永子是棋中圣品，腾冲有藤编、腾宣、腾药三佳，潞江有小粒咖啡、杧果、香料烟三宝。

三、弘扬民族精神促进民俗文化的传承和提升

民俗观念是指民间长期流传并广为人知的世界观、信仰和信念、价值标准、社会经验和历史知识等构成的精神世界。各地拥有同一种书面文献所传承的历史文化传统，但各地民众都不同程度地受儒、释、道意识形态的影响，所以表现出丰富的地方差异，也呈现出充分的地方特色。可以说，各地的民俗观念是普遍的民族文化与地方性文化的综合体。在人生仪礼和传统节日活动中，我们都能感受到中国人核心价值观的传承。民俗作为人们社会生活的重要组成部分，对于创造并传承它的群体与个体具有重要的影响和价值，通过表现文化的合理性，人们愿意继承和发展自己的文化，并努力把它发扬光大。民俗促进人们相互认同，增强群体凝聚力，规范和调节每一个人的心理和行为。另外，民俗在个人的社会化过程中起到教育作用，是一种自然教育，为人们提供一切社会生活领域的切实有效的规范和指导。民俗的教化侧重个人道德品质的培养，良风美俗陶冶人们的心灵，如爱国爱乡、尊老爱幼、勤俭节约等。民俗能够传授知识，启迪人的智慧，人们通过民俗可以了解本国本民族的历史文化，还可以掌握一些生活和生产知识。民俗还具有娱乐作用。民俗节日指约定俗成的具有群体性、模式化的日子，以节日民俗和竞技民俗最为突出，如龙舟比赛、赛歌、民间花会、戏曲、曲艺为人们调剂生活，增加情趣，带来了欢乐和放松。中国的特性在整体上是由民俗来体现的，与这个民族生活相伴相随的民俗源远流长。民俗是一种自发传承的过程。民俗文化联系着传统与现实，弘扬正面效应，减弱负面作用，而这正是新时代民俗变异的基本任务。

第四章　民俗文化美学功能探究

第一节　民俗文化对调节人心的探究

一、民俗文化的教育功能

人是文化的产物。民俗作为一种文化现象，在个人社会化过程中占有决定性的地位。从出生的诞生礼、结婚的喜庆礼到死去的丧葬礼，“人生活在民俗中，就像鱼生活在水中一样，须臾不可离开。”

民俗作为民族的文化传统，对民族心理的影响是十分深远的。有一种说法，所谓的夜不闭户、路不拾遗，是在良好的民俗文化教育环境中形成的，这不无道理。其实，民俗文化的教育功能是在潜移默化中进行的，我们的父辈、父辈的父辈，就是一辈一辈将那些好的习俗带给我们的。

民俗的教育功能主要在于培养人们的道德情操，增强人们对生活的勇气和热爱以及民族感和爱国心。比如，中国各民族都有明礼敬老、大公无私、乐于助人的美德，这些道德观念都表现为具体的民俗事象。

社会生活先于个人而存在，个人不能选择他所希望的社会形式，人是在十分确定的前提条件下创造历史的。美国学者本尼迪克特曾这样描述风俗在个体社会化过程中的重要作用：“个人生活历史首先是适应由他的社区代代相传下来的生活模式和标准。从他出生之时起，他生于其中的风俗就在塑造着他的经验与行为。到他能说话时，他就成了自己文化的小小创造物，而当他长大成人并能参与这种文化的活动时，其文化的习惯就是他的习惯，其文化的信仰就是他的信仰，其文化的不可能性亦就是他的不可能性。”

人一出生，就进入了民俗的规范：诞生礼为他拉开人生第一道帷幕；他从周围人群中习得自己的语言；在游戏中模仿着成人生活；从称谓与交际礼节中逐渐了解人际关系；按特定的婚姻习俗成家立业；直到死去，特定的丧葬民俗送他离开这个世界。

陶立璠在《民俗学》一书中说：“如果研究需要给‘民俗’下定义，那只能说，民俗是在人们的日常生活中靠口头和行为传承的文化模式。”由此看来，民俗学家们是普遍认为民俗其实是一种文化现象的。仲富兰在《中国民俗文化学导论》一书中就指出了民俗的本质是文化，并基于对民俗本质的深入思考，他提出应该把民俗作为一门文化学科来研究。他对民俗文化的定义是：“它是沟通民众物质生活和精神生活，反映民间社区和集体人群意愿，并主要通过人作为载体进行世代相袭和传承的生生不息的文化现象。”

（一）民俗文化有利于弘扬和培育民族精神

当前，我国青少年出现了一些缺乏民族自信心和民族认同感的现象，其主要原因是在全球化的背景下，我国文化处于世界文化和本土文化相互交融和渗透的格局下，并且受到了西方文化霸权的冲击。针对这种现象，新的普通高中语文课程标准中对语文课程基本理念的阐述就提出了“弘扬和培育民族精神，使学生受到优秀文化的熏陶，塑造热爱祖国和中华文明、献身人类进步事业的精神品格，形成健康美好的情感和奋发向上的人生态度”的要求。因此，高中语文教育加强对正处于形成人生观、世界观、价值观重要阶段的中学生民族精神的培育，以增强他们的民族自信心和自豪感。而民俗文化对于弘扬和培育民族精神，有着先天的优势。陶立璠的《民俗学》一书中论述民俗的教育功能时曾指出：“民俗文化的发明和传承本身，就表现出各民族民众的聪明和智慧，是各民族民众宝贵的精神财富。民俗活动不仅可以使本民族民众熟悉自己祖先所创造的历史文化，而且在潜移默化的作用下让人们产生强烈的民族自豪感和民族自信心。”因此，民俗文化作为民族精神的载体，民族精神的培养离不开民俗文化的教育，在高中语文教育中要弘扬和培育民族精神就不能够忽视民俗文化在语文教育中所起到的重要作用。

（二）民俗文化有利于培养学生的审美能力

高中语文课程理念中，强调语文教育对于学生审美能力的培养，指出：“高中语文课程应关注学生情感的发展，让学生受到美的熏陶，培养自觉的审美意识和高尚的审美情趣，培养审美感知和审美创造的能力。”民俗文化是植根于人们的生活中的，它有着深厚的群众基础。一个民族或地区的民俗，总是包含了该民族或地区的人们的好恶感情和审美情操。因此，民俗文化与各民族人民的审美意识总是结合在一起的。比如，赛龙舟、赛马、斗牛等一些竞技性质的民俗活动，考验年轻人的机智、顽强、勇敢，体现出人们的积极、健康、向上的精神和情趣。另外，一些传统优美的民族文学和艺术，作为各民族民众所创造的精神产品，也表现出一种集体的智慧和创造，具有一种崇高的精神美。由此可见，民俗文化具有重要的审美功能，它向我们展示了不同时代、不同民族人民的审美观念，并且对于人审美能力的形成也有着至关重要的作用。“民俗文化的主体是人，审美的主体也是人；民俗文化之美与美的主体之间存在着同构小生；主体自身的美是美感产生的前提条件，民俗审美的根本目的，就在于培育美的主体，即具有丰富健全的心灵和创造才能的人。”因此，高中语文教育想要提高学生的审美能力，就离不开民俗文化的审美教育，它可以让学生在认识前人的不同审美观念的基础之上，形成审美意识，进而提高自身的审美能力。

（三）民俗文化有利于提高学生的思想道德素质

语文教育重视学生思想道德的教育。在高中语文新课程标准中，同样强调让学生形成良好的道德品质，提高道德修养。我国的传统文化是以伦理道德为本位的，这在民俗文化中体现得尤为突出。有研究者指出：“民俗是一种动态性的社会生活文化事象，是文化长期积淀的结果。它兼具生活属性和文化属性，是二者的复合体。这种特性对于社会秩序有着控制和规范功能，对培养人们的社会公德和道德情操也有重要作用。所以，这样的一种教育资源是对学校教育有力的补充，让学生在民俗教育中开阔了历史与文化的视野，有利于形成健康的价值判断，生成情感道德的需求，培育创新精神及对社会的责任心与使命感等。”对学生进行思想道德教育时，如果教师只是向学生单纯地讲述道德标准与要求的一些条条框框，那么语文课也就变成了政治课，很容易引起学生的反感。但是，如果我们能够充分利用民俗文化材料，向学生讲一些生活中有趣的民俗故事，通过民俗的道德教化功能，对学生进行潜移默化的教育，不仅可以增强学生的学习兴趣，而且可以引起他们对于自身道德品质的反省，逐步使他们形成高尚的道德品质。因此，在语文教育中要充分运用民俗文化内容，这对于实现语文教育提高学生道德修养的目标有着重要的意义。

二、民俗文化的调节功能

通过民俗活动中的娱乐、宣泄、补偿等方式，使人类社会生活和心理本能得到调剂的功能。民俗的娱乐功能显而易见。人类创造了文化，目的是为了享用它。人不可能日复一日、永无止境地劳作，必须在适当的时间进行适当的娱乐活动，休息体力，调剂精神，享受劳动成果，进行求偶、社交等活动。世界上没有哪个民族没有节日、游戏、文艺、体育等民俗，它们是人类生活的调节剂。民俗文化的功能，是指它在社会生活与文化系统中的位置，它与其他社会文化要素之间的关系以及它所具有的客观效用。正是由于民俗文化对于世道人心的需要，它的功能才能得以成立。民俗文化的主体是人，当我们在分析民俗文化的功能时，就会发现它对人的心理具有很大的调节作用。20世纪初，一个名字叫厨川白村的日本人，在他的作品《苦闷的象征》中写道，人性中有两大力量一直抗争着：一是人生来的创造生活的欲求；二是旧的或者说现实存在的习俗、规范以及现存的社会制度文化方面的诸种因素对人生欲求的压制和抵抗。于是，产生了人类心理方面的苦闷，而文学作品就是这种苦闷的象征。这说明个人在强大的社会习俗和习惯势力面前，应该保持自己的独立人格和创新精神，不要随波逐流。在这方面，民俗文化对人们的心理始终起到平衡的调节作用。

首先，人作为一种社会生物，其行为举止必然会受到社会生活和传统文化的影响和制约，要做到像厨川白村所说的那样，完全摆脱社会的影响和制约，其实是不可能的。虽然人类的群体到现在已经形成高度的社会化了，但是就个体来说，其生物本身所具有的某些特性并没有被完全文明化，人仍然存在着某种“裸猿”的本性，而被习俗禁忌所压制的某些生物本能需求和情感需要，如果得不到恰当的宣泄和调节，就会形成一种紊乱的心理能量，长期积压会导致人产生精神障碍和病态心理。民俗文化的重要心理调节作用之一，就是在不违反社会规范的原则下，变通并疏导这种紊乱的心理能量。民俗文化的内涵比较宽广，比起所谓的精英文化更注重情感的表现，甚至不惜以渲染、夸张来达到某种宣泄的程度，降低内心的压力，将其缓解为一种健康的工作能力。

其次，人天生就有一种强烈的亲和需要，需要得到群体的认同，这种心愿有时候甚至超过生存的愿望。倘若缺乏亲和联系，从民俗文化的原理上分析，常常导致激烈的内心冲突，甚至可能导致精神分裂。在民俗文化中，许多习俗的表现，其实就是维护这种价值的连续性。它们用多姿多彩的方式和多样化的思维形式，来激发和强化那些由于“积淀”已久而且已经内化了的文化观念。因民俗文化对心理的调节作用而使人最容易产生群体归属感。就拿结婚习俗来说，婚礼是民俗文化中人生礼仪习俗最基本的内容，结婚是人生重大的转折点，是个体成熟的象征和获得完全社会成员身份的途径。为什么在结婚的过程中要搞那么多繁文缛节的规矩呢？细加分析，就能推知其中的原委，因为它和民俗文化中的心理认同有关。我们以婚礼中“祭祖”和“拜亲”习俗为例，这里的心理调节作用是十分明显而强烈的。祖宗是一个家族精神上的主宰，家有大事必须先向祖宗禀告。于是姑娘嫁人前，必须向祖先告别。同样，新娘来男家亦必拜祖，希望能获得夫家之祖的接纳与庇护。接着是“认亲”习俗，也就是结识男家亲友，因为新娘从此以后就必须要在这个家族和这个地域里生活，心理上和外界达成认同非常重要。这不仅是社会对新娘有认同、接受的需要，也是新娘来到这个陌生的环境和陌生的家庭中，在自我个体的心理上产生的一种被群体认同的心理需求。

再次，按照马斯洛的安全需要理论来分析，每个人一旦降临到这个世界上，他的首要任务就是求生存。在他基本的生存需求得到满足之后，又会有享受和发展的需要。这种基于“衣食足然则知荣辱”的心理需求，可能是多方面的。我国的古代传统文化就一直流传着关于“立德”“立功”“立言”的说法，实际上就是人们在基本的生存需求得到满足后，又开始了对精神方面的一种追求。民俗文化的这种调节作用，其实也就是为人们的精神需求的实现或无法实现，起到了一种“平衡器”的作用。这种平衡的作用也是在调节人的心理。

我们知道，人们的行为进行得如何，是与人的心理状态十分密切的。民俗文化中的许多固有的机制，可以帮助人们消除精神上的疲劳和饥渴，改善人的心境，鼓舞人的斗志，甚至消除行为的精神阻力，从而使人们以良好的精神状态投入社会生活中。反之，民俗文化中的某些压抑，也可能加重人们的心理负担，破坏人们心境的平衡，窒息人们的创造激情，摧毁人们继续前进的斗志。在这些方面，民俗文化中的禁忌习俗就是最好的证明。

为什么人类要人为地产生或规定一些“神圣的”禁规戒律来束缚自己，或者说限制自己的自由呢？说到底，就是一种为求得心理上的平衡的做法。什么是禁忌？禁忌几乎是遍及全世界每个角落的文化的现象，国际学术界把这种文化现象称为“塔布”，其最基本的意义就是“神圣的”和“不可接触”。禁忌不仅是对人的行为有一种规定，更是对人在心理和精神上的一种调节平衡的力量。比如，中国人很早就有了梦的俗信。关于梦的解释，民间俗信的说法是灵魂暂时离开了身体，所有的梦境都是灵魂单独的经历。由于早期的人们以为做梦时灵魂要出窍，要离开肉体，所以很担心做梦会对人的生命有伤害。一般民众都忌讳做梦，尤其忌讳做噩梦。如果一连几天夜间总是做梦，就会心里犯嘀咕；倘若连续几天一直在做噩梦凶梦，那就寝食难安了。早在汉代就有一些唯物主义思想家不以为然，并对此进行了批判。但是，哲学的批判是一回事，民间的信仰又是另一回事。关于梦的禁忌，民间还流传着一种习俗，就是如果某人在头天晚上做了不吉利的梦，那么这个人在第二天中午 12 点以前是不能把这个梦的内容告诉别人的。如果他说了，梦中不吉利的事情就会在现实中兑现。为什么民俗文化中的禁忌习俗，对人们的生活具有如此巨大的影响力？不是这些禁忌习俗本身有什么了不得的作用，而是作为生命主体的人们，在他人生的道路上，渴望心理平安的一种愿望。总之，人类的本能是辟邪趋吉、避害趋利的。为了达到避开危险和祸患的目的，一些传统民俗文化往往会在它存在之处造成一种神秘的气氛，就像发出一种不间断的警铃声响一样，时时提醒人们在生活的各个方面。如婚嫁、生育、丧葬、祭礼等仪式或接触某些事物时，必须小心从事，遵守民俗规范；千万不能乱来，否则将受到惩罚。尤其在社会生产力低下、生活贫困以及人们不能掌握自己命运的条件下，民俗文化中的许多社会习俗，往往会成为许多人改善环境、遇难呈祥的有效手段。人们或者在险风恶浪中出海，或者在黑夜里行走，只要是使用过巫术并且严格遵从了某些禁忌条规的人，就自信，有胆量，临危不惧。从某种意义上讲，这种习俗满足了人们心理上的一种需求，即心灵慰藉，其实是人们想在精神上达到一种和合平衡的愿望，用来弥补由于技术力量的不足和环境条件的恶劣而引起的忧虑和失望，使他们在对命运的挑战中增添几分勇气。由此可见，传统民俗到了今天还伴随我们前行，它对人心理的调节确实起到了较大的作用。

民俗也有宣泄的功能。人类社会生活中，个体的生物本能在群体中必然受到一定程度的压抑。无论是肉体行为压抑，还是心理压抑，对人类来说都是一种破坏性的力量，如果不在某种程度上得到宣泄，一旦积郁起来集中爆发，其后果不堪设想。有的民俗就是应这种需要而产生的，如古希腊罗马的酒神节，人们在节日里饮酒狂欢，日常生活中的种种禁忌这时全被打破。

民俗还有补偿功能。人们在现实生活中难以得到满足的种种需求，往往在民俗中得到某种补偿。恩格斯在谈及德国的民间故事书时曾说："民间故事使一个农民做完艰苦的日间劳动，在晚上拖着疲乏的身子回来的时候，得到快乐、振奋和慰藉，使他忘却自己的劳累，把他的硗瘠的田地变为馥郁的花园。"

第二节　民俗文化对规范世道的探究

民俗文化是一种社会整合的力量，可以使日常生活中的方方面面结合到一起。民俗文化作为一种维系社会的团结力量，不仅可以起到纵向的历史联系，同时可以将处于不同空间的社会成员联系到一起。相对于现代制度化的社会控制而言，这种基于非正式规则基础之上的软约束力量也是非常强大的。民俗文化的社会整合力量还体现在，它能够为社会转型提供认同的基础。

由于社会急速的变革和发展，传统文明正在向现代文明过渡。在先进生产力发展的基础上产生的、代表先进思维观念的现代民俗文化具有巨大的引导性和感染力，在各个经济领域和生活领域里，不断地影响和推动着社会现代化新潮流向前发展。人们物质生活条件的改善和更新，有赖于先进生产力的发展，而社会现代化新潮流的兴起，时尚新风不断地推广，又必然会刺激社会整体消费，进一步促进社会物质生产的发展。这就是现代民俗文化的社会功能最突出的一个表现。民俗文化，作为民间最广泛的传承文化，以它悠久的历史、深厚的内涵和特有的功能，在社会发展的历史长河中，始终制约和影响着人类群体的思维观念和物质生产、生活方式。随着社会的进步和发展，民俗文化的形态和功能也在不断演变和扩大，这是民俗文化自身发展的客观规律。

一、民俗的维系功能

民俗的维系功能，指民俗统一群体的行为与思想，使社会生活保持稳定，使群体内所有成员保持向心力与凝聚力。民俗能维系社会稳定。鉴于社会在不断变化，每一种文化都必须根据外部环境与内部情况的变化而不断加以调整。在社会生活的世代交替中，民俗作为一种传承文化不断被后代复制，由此保持了社会的连续性。即使是在大规模的急剧社会变革中，与整个民俗体系相比，发生的变化总是局部的、渐变的，这就有效地防止了文化的断裂，维系了社会生活的相对稳定。所以，民俗是人们认同自己所属集团的标识。

众所周知，我国各族人民共同创造和传承的民俗文化，是整个中华民族文化的重要组成部分，是一种极为珍贵的精神财富。优秀的民俗文化传统是国魂民风的集中表现。它的社会功能是多方面的。民俗学者认为，民俗即民间风俗，作为一种文化现象，它具有非常广泛的教化、规范、维系和调节等社会功能。尤其是在一定历史时期，民俗文化传统对亿万民众的民族凝聚力、向心力，往往起着不可估量的作用。这一基本观点，已成为民俗学界普遍的共识。

20 世纪 80 年代初，随着我国民族民间文化热的兴起，民俗文化研究工作也由复苏逐渐走向了健康发展的道路。最为突出的标志是，以中国民俗学会为代表的民俗文化学术团体、全国各地民俗文化研究机构以及民俗博物馆等相继建立，有力地促进了我国民俗文化事业的发展。与此同时，民俗文化理论研究取得了丰硕的成果，出版了一大批有较高学术价值和实践指导意义的论著；弘扬和开发优秀的民俗文化传统方面的工作卓有成效；全国许多地方建立了民俗文化村或带有民俗文化色彩的度假村，举办了各种民俗文化节、民俗工艺博览会以及民俗旅游等活动，对拉动地方经济发展、促进社会现代化建设起到一定的作用。

深圳的中国民俗文化村，是由香港中国旅行社与深圳华侨城市经济发展总公司投资建设的一个民俗文化与民俗旅游相结合的成功项目。这个民俗文化村坐落在风光秀丽的深圳海湾附近，占地 22.2 万平方米，是国内第一个荟萃各民族的民间艺术、民俗风情和民居建筑的大型民俗文化游览区。景区内现有 21 个民族的 24 个村寨，均按原景 1 ： 1 的比例建造。来此参观的海内外游客，可以在村寨里看到各民族的建筑风格，还可以欣赏和参与各民族的歌舞演出、民族工艺品制作，品尝民族风味食品，观赏民族艺术广场表演，欢度民间喜庆节日，领略我国56个民族多姿多彩的文化艺术。这个国内最大的民俗文化村作为展示我国各民族悠久灿烂的民俗文化的一个缩影，对国内外游客有着极大的吸引力，因而它创造的经济效益也是很可观的。利用民俗文化资源，开发相关的建设项目，这是改革开放以来，随着国内旅游业的迅速发展，出现的一个投资热点。这说明民俗文化传统越来越被人们所认识和重视。目前，各地建造的这类民俗文化游览景区，就其内容来看，更多的是介绍和展现少数民族地区某些特有的民俗风情、生活习俗以及歌舞表演。这固然很有意义，应该给予肯定，但笔者认为，这仅仅是做好整个民俗文化工作的一部分。为了适应时代的要求，我们应该把注意力更多转向当前的现实社会，进一步认识和研究现代民俗文化的特征及其社会功能，并积极地运用它为现实服务，为经济发展和社会现代化服务。这是民俗文化工作者面临的重要课题。

二、民俗的规范功能

民俗的规范功能，指民俗对社会群体中每个成员的行为方式所具有的约束作用。人类社会生活需要的满足，往往有多种方式可供选择。例如，吃饭可用刀叉，也可用筷子或手抓。民俗的作用，在于根据特定条件，将某种方式予以肯定和强化，使之成为一种群体或标准模式，从而使社会生活有规则地进行。

社会规范有多种形式，它们大略可以分为四个层面：第一层是法律，第二层是纪律，第三层是道德，第四层是民俗。其中，民俗是产生最早、约束面最广的一种深层行为规范。

民俗是一种约束面最广的行为规范。在社会生活中，成文法所规定的行为准则只不过是必须强制执行的一小部分，而民俗却像一只看不见的手，无形之中支配着人们的所有行为。从吃穿住行到婚丧嫁娶，从社会交际到精神信仰，人们都在不自觉地遵从着民俗的指令。

在日常生活中，人们很难意识到民俗的规范力量，因此也就不会对其加以反抗。民俗对人的控制，是一种“软控”，但却是一种最有力的深层控制。

由于社会急速的变革和发展，传统文明正在向现代文明过渡。特别是人类已进入21世纪知识经济时代，竞争与挑战日趋激烈，科技进步日新月异，经济全球化和社会信息化正在冲击和涤荡一切陈旧的思维观念和生活习俗。在先进生产力发展基础上产生的、代表先进思维观念的现代民俗文化，也必然如雨后春笋般蓬勃地发展起来。这是不以人们的意志为转移的客观规律。然而，长期以来，我们的研究工作，更多的是对传统的民俗事象和各种文化遗存、古迹的发掘和整理。诚然，做好这项基础性的工作是必要的，是民俗学科建设的重要内容，今后还要继续进行。但对新的历史时期出现的、与时代相适应的各种新的风尚、习俗，却没有以足够的注意力加以认真观察、思考和研讨。这与我们在认识上可能陷入某种误区有关，认为这些新的风尚、习俗诞生的时间短，往往是一阵风而过，还未形成真正的有生命力的“民俗”，含金量不大，因而忽略了它的研究价值。事实上，这些新的民俗事象，经过广泛的传播和推广，而形成的现代民俗文化，恰恰是当代社会先进生产力发展的重要反映，也是人们物质文明生活不断提高的具体体现。

唯物史观认为，物质生产是人类最基本的实践活动。人类要生存，社会要发展，就要不断地发展物质生产，以满足人类物质生活和精神文化生活日益增长的需求。而要实现这一目的，就要极大地发展生产力。人类社会的发展，就是先进生产力不断取代落后生产力的历史进程。按照马克思主义的观点，生产力是社会发展的最终决定力量。发展生产力是社会主义最根本的任务。社会主义通过发展生产力，不仅可以保证一切社会成员享有充裕的富足的物质生活，还可以使他们的体力和智力获得充分的发展和运用。因此，社会主义现代化必须建立在发达的生产力的基础上。而在实现社会主义现代化的过程中，一切先进的思维观念，包括各种新的风尚、习俗的现代民俗文化观念，也必然会随着先进生产力的发展而不断产生。它最明显的一个特点就是紧跟时代前进步伐，发展迅速，传播面广，变化纷繁，具有巨大的引导性和感染力，在各个经济领域和生活领域里，不断地影响和推动社会现代化新潮流向前发展。解放思想，崇尚科学，向往文明，追求时尚，是当代中国人思维观念的一个显著特征。由于思维观念的改变，接受新事物的敏感性和主动性比过去任何时候都显得更加强烈。人们正在积极地改变自身的生存命运，与时俱进，开拓创新，努力摆脱落后的传统的生活方式，趁着改革开放的春风，在奔小康的大道上迅跑。人们把目光投向西方发达的国家和地区，并把这些国家和地区的现代物质文明生活水准作为自己向往和追求的目标。

在建设中国特色社会主义新时期，由于坚持以经济建设为中心，实行了改革开放的新政策，神州大地已经发生了翻天覆地的变化，我国几千年“日出而作，日落而息”的农业社会，已开始逐渐解体。城市日益现代化，乡村日益城市化，已成为现阶段中国改革开放取得巨大成功的一个重要标志。闻名全国的江苏华西村就是由贫困走向富裕的现代化明星村镇最典型的代表。40 年来，华西村人坚持走以集体经济为主的共同富裕道路，物质文明生活水平空前提高。现在，他们已搬家四次，1 500 多名村民都住上了欧式的别墅楼房，空调、冰箱、电脑、轿车、红木家具已进入了寻常百姓家。一位记者到华西村采访，走进村民李良那栋 500 多平方米的新房里一看，真是令他羡慕不已。房间造型独特，装修讲究，进口大理石，现代化卫生间，高级家具一应俱全。主人告诉记者，这幢房子单造价就 100 多万元。像华西村这样新型的现代化村镇在全国已出现不少。当然，不可能在今后几年、十几年内，我国所有的农村都能达到像华西村那样的变化，但华西村人的成功之路和先进经验，对决心改变落后面貌、走共同富裕道路的中国亿万农民却是一个巨大鼓舞。

纵观当代中国社会的巨变，城乡差别在缩小，旧的生活习俗在消失，现代化新潮在兴起。特别是经济发展和社会现代化建设较快的沿海地区强烈的辐射作用，加之西方国家物质文明及民俗风情传入的影响，更加刺激人们追求时尚，渴望新风。例如，在现代都市五光十色的夜生活，早已打破了人们原有的生活模式和节奏，人们在宾馆、酒吧、茶楼、歌舞厅、KTV 包房，休闲、娱乐、交友、谈生意、吃夜宵……显示出一幕幕西方生活方式的情调和浪漫色彩。从 20 世纪 80 年代开始逐渐兴起的旅游业，也是一个有力的例证。如今，假日外出旅游观光，在我国千千万万的工薪阶层中已逐渐形成了一种新的民俗风尚。文教、科技、交通、金融等事业的迅速发展，给人们带来了创造新生活的更多机遇。

第五章　梧州民俗文化发展状况

第一节　梧州历史文化沿革

一、历史沿革

（一）先秦秦汉时期

梧州古称苍梧，古籍又有称仓吾。秦以前未统一文字，以音记字，故有不同的写法。上古之时，部族之名、部落之名常被用作地名，彼此混用。在远古三皇五帝时代，岭南就有苍梧之民组成中国历史上的一个古老的部族，有的史学家称之为“苍梧古国”。“古国”是指比部落、部族更稳定和独立的政治实体。

苍梧古国是见诸文献记载的岭南地区最早的古国，其与中原地区华夏部落联盟的尧舜古国同时并存，并有经济交往，也发生过战争。苍梧族因其地多梧桐，色苍，故称苍梧；因这些土著有断发文身的习俗，在面额上刺花涂彩，又被称为雕题；传说其男女同浴，睡觉时两腿相交，又得交阯为之名。西晋臣王赞注《汉书·地理志》云：“自交阯至会稽七八千里，百越杂处，各有种姓。”唐杜佑《通典·州郡十四·古南越》云：“自岭而南，当唐虞三代为蛮夷之国，是百越之地，亦谓之南越。”岭南的南越部落在古籍中有多种的称呼，粗计有仓吾、苍梧、交阯、南蛮、蛮夷、南越、南瓯、骆越、雕题、南海、蛮越、百越等。

岭南的苍梧是苍梧氏族的世居地，苍梧部族及其苍梧的地名千古不变而至于今，这是有史料可证的历史事实。《史记》开篇的《五帝本纪》就记载：“帝颛顼高阳者，黄帝之孙而昌意之子也。静渊以有谋，疏通而知事；养材以任地，载时以像天，依鬼神以制义，治气以教化，絜诚以祭祀。北至于幽陵，南至于交阯，西至于流沙，东至于蟠木。动静之物，大小之神，日月所照，莫不砥属。”“南至于交阯”，交阯就是苍梧，苍梧就在岭南。这就是说，上古时代的梧州，即古苍梧，在黄帝、颛顼之时就在华夏文化版图之内，与中原华夏各族有着同样悠久的历史，受到中华文明的教化；同时说明，岭南的苍梧，是千古不变称呼的苍梧部族和苍梧的地域。从清末民初以来，一些大师级的正统专家学者和当代权威史家，都把上古的苍梧说成是湖南的苍梧山（即九嶷山），而指今日梧州的苍梧之名得自汉武帝设置苍梧郡之时。如果这种说法能成立，则梧州的历史就要从汉武帝设苍梧郡时的元鼎六年（前 111 年）算起，足足少了从黄帝、颛顼至汉武帝这一大段 3 000 多年以上的岁月，此其一；把岭南的古苍梧的历史一笔勾销，等于把颛顼时代的华夏文化版图中的岭南地域也一笔划掉了，此其二。一些人无知的高论，既不符合历史事实，更有违华夏民族的文化感情和宗族心理。关于舜帝时代，司马迁《史记·五帝本纪》中说：“（舜践帝位三十九年，南巡狩，崩于苍梧之野，葬于江南九疑，是为零陵。”《礼记·檀弓上》云：“舜葬于苍梧之野。”《拾遗记》云：“舜葬苍梧，有群象为之耕，时有鸟，自丹州来，吐气名曰冯宵，能衔土成丘。”舜崩于苍梧，史料中众口一词，已无疑义。舜葬何处？《礼记·檀弓上》和《拾遗记》都说“舜葬于苍梧”，而权威的正史《史记》却说“葬于江南九嶷，是谓零陵”。这十个字是一个千古之谜。谁说的正确？要弄清这问题，先要弄清舜所巡的苍梧，是湖南的苍梧山，还是岭南的苍梧古国？天子出巡都带着浓厚的政治色彩，舜帝是看中南中国这块广大神秘丰腴的领土，要使岭南百越归化。在舜之前的尧代，尧帝曾“申命羲叔，居南交”“放驩兜于崇山以变南蛮”，此羲叔曾到过今广东的化州。《五帝本纪·史记》说：“南抚交阯……四海之内咸戴帝舜之功。”司马迁说得明明白白：舜南巡苍梧、南抚交阯！交阯此名，到了中古时代便确指今越南北部，可见当时这位伟大的虞舜大帝其足迹已遍布岭南苍梧大地而至于今越南。太史公一个“抚”字，境界全出，一字千金！这一“抚”的结果是“四海之内咸戴帝舜之功”，舜帝南巡苍梧大地，考察民情，教化诸蛮，明德岭南，辛勤众事，不幸染瘴疾而死。苍梧百姓念其德泽，驱群象为之挖掘坟土，把舜遗体下葬，而其衣冠遗物则送返，二妃奔丧至九嶷在湘水遇溺（一说殉情），于是便在九嶷为舜葬下衣冠冢。舜的遗体为何要葬在苍梧（今广西梧州）？此举亦不得已而为之，其时无高速公路可朝发夕至又无先进的防腐技术。氏族社会时的葬俗，据《易传·系辞下》说，逝者遗体不入棺椁，仅以厚衣包裹，垫以柴薪，不垒墓丘，不植树立碑。故舜葬苍梧之墓地因无标志而不可考。同治《苍梧县志》云："舜陵相传在城东五里许，大云山下锦鸡岩。"而封陵植树，甚至要陪葬，是夏代以后进入奴隶社会开始的。曾被处以宫刑的司马迁写《史记》时正值汉武帝刚刚收复独立了 93 年的南越，大张旗鼓地独尊儒术；改正朔、易服色、封泰山、定宗庙、制礼仪正在风头火势之中，按儒家正统礼法必须以舜之衣冠冢为其正式葬地，因尊舜为帝，其墓必须称陵，故命曰零陵。为何要称"零陵"？零者，零落也，逝者零落之衣冠之冢也。"九嶷"，嶷者，异也，异地之冢也；九即久，永久之异冢也。司马迁史笔严谨，曾宣称："君子审礼，则不可欺以诈伪。"所以，先标明"舜崩于苍梧之野"，不至作伪，又暗示九嶷、零陵乃异冢、零落之衣之冢的实情，这样落笔行文，既合儒家正统礼法，又未曾作伪，却又暗示实情在其中。

由此可见，司马迁用心之精湛、史笔之严谨、智慧之卓绝！舜巡苍梧有何意义？舜开拓了华夏文明，以文化育了天下。舜帝南巡苍梧，带来了华夏文明与文化，化育了苍梧诸蛮，使华夏文明由苍梧而播布岭南。所以，古苍梧的梧州是岭南文化的发祥地，这是有经典可据的。此时是梧州历史文化的发祥时期。舜巡死葬于苍梧，是梧州历史以至岭南历史上的一件的大事，意义影响全国。唐代梧州已有舜庙，唐太宗与臣僚，唐代诗人沈全期、宋之问、张九龄、杜甫、李商隐、项斯、元结、张藉、李涉，宋代的苏轼、李纲、秦观和明清的文臣武将们，无不把舜迹作为梧州的标志和象征进行过吟咏。

有如此可贵的文化历史遗产，今日梧州人该如何珍惜？首先，敢理直气壮地宣称舜巡葬的苍梧之野，就是今之梧州之域。其次，起码在今梧州重建一座舜庙，否则太对不起舜帝和梧州这了！"仓吾"一词最早见于《逸周书》"仓吾翡翠"。郭沫若考证，周代青铜器铭文中已有"仓吾"一词。晋代的孔鼎《周逸书注》云："仓吾，蛮也。"这说明在西周时期，苍梧氏族已与周王室有经济的交往，已在周王室的文化视野和经济版图之中。及至春秋时期，苍梧属楚，这方面的记载在《史记》和《礼记》中就共有七处，有经典可据。战国时期，苍梧更是楚之所属。《史记》载，楚之先祖到穴熊这一代曾经衰落式微，有的流落蛮夷的苍梧之地，不能记其世系。楚将亡，屈原被流放，作

《离骚》呼天抢地，追宗念祖："朝发轫于苍梧兮……"司马迁介绍屈原作离骚时的心情说："人穷则反本，故劳苦倦极，未尝不呼天也；疾痛惨怛，未尝不呼父母也。"屈原痛苦时呼唤远祖流落过的神秘苍梧，是不难理解的。梧州的古苍梧也就是屈原祖先流落的苍梧，换句话说即是屈原祖先在苍梧。秦始皇扫六合，一统天下，下令"南征百越之君"，派史禄开凿灵渠，引湘入漓，攻下岭草地，天下共设36郡，岭南有桂林（苍梧在其辖内）、象郡、南海三郡，逐数十万"亡人"发配到岭南。龙川令赵佗向秦始皇打报告请求调中原三万无夫家的女子到岭南"为士卒衣补"，被批准调给一万五千，这使岭南平添了一万五千个小家庭。这数十万所谓"亡人"，其中不少是亡国的贵族、官吏、商人等文化素质较高的中原人，有的是饱学之士，有些是过去六国的政治家。他们的南贬下放，给岭南文化带来中原的高度文明和先进的生产力，为岭南的开发准备了干部条件和知识资源。秦始皇对岭南苍梧的另一贡献，就是开凿了灵渠引湘入漓，使中原文化源源不断地输入苍梧，然后沿西江流布岭南百越。当时的梧州无疑是中原移民的大驿站、大集中营、大文化熔炉，自然而然成为粤语的发源地，龙母文化也由此而生。这是梧州历史的启蒙时期。秦朝二世而亡，赵佗遵南海郡首领任嚣之嘱，割岭南称王，定番禺（后来的广州）为王都，与刘邦的汉朝分庭抗礼，汉高后五年（前183年），赵佗封族弟赵光为苍梧王，建苍梧王城，这是梧州建城之始。赵佗的南越独立割据了93年，就被雄才大略的汉武帝派伏波将军路博德、楼船将军杨仆率10万楼船水师越灵渠、顺漓江而讨伐，苍梧王赵光主动投降归汉，水师沿江西征东剿，攻占了岭南。汉武帝把岭南分设为南海、苍梧、郁林、合浦、交阯、九真、日南、儋耳、珠崖九郡，辖地包括今之两广及越南北部和海南岛。在苍梧郡设广信县（今广西梧州）以示对重新回归的岭南"广施恩信"，减免税赋，给予优惠政策。5年之后（即元封五年，前106年），将统辖整个岭南九郡的交趾刺史部设在苍梧的广信县，使之成为整个南中国的首府及政治、经济、文化的中心，开始了梧州历史上的发皇时期。309年之后（即建安十五年，201年），汉献帝设立交州，交州牧和交州刺史并设治所于苍梧郡广信县。梧州此时成为县治、郡治、州治的所在地。当时的封川（今广东封开）尚未有名称（到晋代才开始起名为封川），只是广信县的属地，故史书称当时的封川为"本汉苍梧郡广信县地"。但宋人乐史在其著的《太平寰宇记》中说成是“即汉苍梧郡之广信县也”，“地”字变成“也”字，坐实“封川即广信县”。后人据此，以讹传讹。《汉书·地理志》明白无误地指出“有漓水东南至广信”，拥有漓水的只能是梧州，而非贺江口的封开。

（二）三国至唐代

到了三国东吴孙权时，交州一分为二，苍梧、南海、郁林、合浦四郡从交州划出，组成广州，州治设在番禺。苍梧隶属于广州辖内，失去以前的岭南中心首府之地位，也由此开始粤化，其间历近700年。这近700年间，是梧州粤文化形成、发展、成熟、定型的时期，也是梧州发源的粤语反受广府粤语同化的时期。唐高祖武德四年（621年），原苍梧郡改称梧州。史载，唐代综大历（766—779）初年，梧州现桂东医院前址有舜庙。南宋王象之《舆地纪胜》载，唐太宗称梧州为“大舜隐真之地，达人循迹之乡”，并对开国大臣李靖说过“碧桂之林，苍梧之野”。唐代一大批诗人，包括沈佺期、宋之问、张九龄、李白、杜甫、李商隐、项斯、元结、张藉、李涉都曾以舜帝、苍梧为题材吟咏过梧州。当时或谪戍或派驻岭南的官员和文人墨客无不以到苍梧朝圣——参拜舜帝陵庙为荣。

唐代的梧州还有一段佳话。日本留学生阿倍仲麻吕（汉名晁衡或朝衡）唐玄宗开元四年（717年），时年20岁来长安。曾供职于长安达50余年，官至镇南都护使，多次来往于中日两地传播大唐文化。唐玄宗天宝十二载（753年），唐鉴真和尚东渡日本传经，同船有晁衡等日本遣唐使同行，在扬州出海，遇风浪受阻而返，晁衡与鉴真等失散，一人漂流到安南（今越南），被传“遇难”，后辗转才回到长安。鉴真改走灵渠沿漓江到梧州，率荣睿、普照等梧州弟子再偕同藤县通善寺尼智首等三和尚出西江，从藤县北流河上溯，南下雷州半岛，在徐闻再出海。鉴真多次出海均遇险而折返，这次经梧州隆重地拜祭了龙母娘娘，竟平安东渡成功了！这时，戏剧性的一幕出现了，与李白、王维、赵骅、包佶等诗人有着深厚情谊的晁衡“遇难”的消息传到长安，李白甚为痛心，作诗哭悼：“日本晁卿辞帝都，征帆一片远蓬壶。明月不归沉碧海，白云愁色满苍梧。”这段佳话至少说明两个事实。第一，李白诗中所说的“苍梧”并非为押韵，而是确指梧州所在的苍梧。这说明在唐代，关于“苍梧即梧州”的文史地望已是社会共识，与湖南无关。第二，证明从长江水系越灵渠下漓江至梧州出西江，或溯藤县北流河下徐闻，或顺流至广州这两条水路，就是举世闻名的“水上丝绸之路”的一部分，梧州是其枢纽。

唐代的梧州，商贸兴旺发达，久盛不衰。梧州和桂林产的“桂管布”誉满全国，以至著名诗人白居易也写诗说“桂布白如雪”。唐宰相张九龄辟大庾岭开通了梅关驿道，南下的移民便多了一条至南雄珠机巷的通道，到梧州的移民也多了起来。

（三）明代

明代留给梧州最丰富的历史文化遗产恐怕就是战争和古典军旅文化了。陈侃言《军事要塞古梧州》(《广西大学梧州分校学报》2006 年第 1 期）一文对明清时发生在梧州的战争有过略述，评介过一批出自武将们手笔的独具百越风格的军旅诗，其军旅情怀与人文关怀及艺术造诣，比起唐代的边塞诗并不逊色。这是明代驻节梧州的武将留给梧州的一份独特的文化遗产。舜帝，是梧州文化一个永恒的主题，因为舜迹已成为梧州的标志和象征；苍梧－舜帝，舜帝－苍梧戏剧地成为一枚无价之宝的金币的两面。历史上到过梧州的文臣、武将、士子，不拜谒舜庙、不吟咏舜德，简直不配身份。明人也是如此。明人吟咏梧州舜迹的诗比唐宋的总和还多，因为万历《梧州府志》等，明人作品得以保留。明代在梧州成长或驻节过的将领级别都很高，计有三任兵部尚书的翁万达，兵部右侍郎、左佥都御史两广提督韩雍，两广总兵陈锐，哲学家、教育家、两广总督王守仁，兵部尚师督师袁崇焕。袁崇焕是梧州藤县新马乡莲塘村人，世居广西五代，祖籍广东东莞。袁崇焕未曾到过东莞。除了学术圈子的人，社会上都只知袁公是东莞人，这与广东大力宣传有关。袁公陷反间计，遭崇祯皇帝磔死，千古奇冤，死后 300 余年，魂未归乡。陈侃言《藤州访古说袁公》(《梧州日报》2001 年 11 月 23 日第 5 版）一文对袁公及其家乡莲塘村有简介，并赋诗云：“龙盘半岛柱擎天，榕荫古村出少年。居然举国同遗恨，不识袁公故家园。”明成化年间（1465—1467 年）梧州设有两广总督府、总兵府、总镇府“三总府”（旧址在今梧州第一幼儿园），中央政府在地方设这样的派驻监察、军区、行政机构，在中国历史上极为罕见。今虽不存，亦当树碑纪之。梧州的古城墙，代有延修扩建，明开国不久的洪武十二年（1380 年）又修一次，此后正统、成化、嘉靖及至清代顺治、康熙、雍正、乾隆、嘉庆、道光年间，历任官员不断修复、加固、扩建、完善。古城墙，是梧州历史与文化的见证和载体。

明宣德三年（1428 年），安南脱离明朝的统治。其后，政权几经易手，不断向广西策反当地壮瑶土司叛国。以桂平大藤峡为中心的桂西南壮瑶农民与当地政权和汉人发生冲突，不服管治和压迫便乘机造反起义，势成燎原。正统年间（1436—1449 年）瑶民赵义领袖侯大苟曾率部一度夜袭梧州府成功。国际矛盾、民族矛盾、阶级矛盾、地域矛盾、文化矛盾交织一起，复杂严峻的形势，使向来是军事要塞的梧州，再次历史性地成为一座雄奇悲壮的军事舞台和前线三军的指挥中枢。明《永乐大典》卷二三三七至二三四四述梧州府，共八卷，今皆传世。分为图、建置沿革、分野、至到、城池、乡里、桥梁、渡堰陂塘、风俗形胜、户口、田赋、物产、土贡、山川、宫室、祠庙、寺观、坛壝、官制、公廨、学校、军营、坟墓、宦迹、著姓、烈妇、释道、碑碣等 30 目。所录方志 6 种，多为明初人据宋元旧志增改而成，有《苍梧志》《古藤志》《梧州府志》《容州志》《郁林志》《昭潭志》。

（四）清代

清代的梧州，自然地随着封建社会的成熟也进入了康乾盛世，但也带着帝国的屈辱，接受历史的选择走在时代的前列。有清以来所有的对外战争，唯独广西子弟“刘二打番鬼”是大快人心的胜仗，但老朽的皇朝依然订下了屈辱的城下之盟。5 000 多年前曾接受舜帝巡抚、启肇了岭南远古文明的梧州，再次接受历史的选择，被外国资本看中，辟为对外通商口岸。其时，梧州与广东及海外之商贸往来称盛一时，商旅云集，粤、湘、赣、闽纷设会馆于梧，而以粤东会馆为最。史载；康熙年间（1662—1722 年），苍梧有粤东会馆；乾隆年间（1736—1745 年）重修时，参与捐款的粤商达 518 家；龙墟之粤商店铺在 1 000 家以上。可想本埠梧州当是何等气象。《皇朝经济文编》有记载，梧州“自中国与泰西互市，外洋货物无不流行。内也阛阓之中，自衣饰器用以及饮食玩好，十色五光，迷眩心目”。康乾以来称盛一时的梧州也有过不幸。史载，上报中央的民居大火，顺治年间（1644—1661 年）有 2 次，康熙年间（1662—1722 年）有 8 次，乾隆年间（1736—1795 年）有 9 次，其中乾隆三十一年（1767 年）十一月，苍梧龙墟连续大火三起最为惨烈，共烧民房 600 余家。咸丰四年（1854 年）六月，佛山天地会陈开、李文茂在太平天国后率众起义，水陆夹攻梧州，不遂。次年四月再攻，不克。再次年六月又攻，再不克。咸丰七年（1857 年）闰五月，集战船千艘再攻，仍不克。七月初九起改攻为围，城中粮尽缺水，饿死大半，清军分兵突围，往沙头东安办粮，受伏击未果。八月十日夜间，城破，清军败撤，义军杀人血洗，西江浮尸十里，云盖山下掩埋的军民尸首称“万人坟”。当年梧州府人口共五万多人，此役后余不足二万。两月后，湖南湘军驰援，义军毁城逃窜。经此数役血战，可怜梧州，一片焦土！数千年历史文化积淀的古城，其城池、民居、街衢、府廨、学宫、佛坛、寺庙、坊表、楼阁、营垒、驿站、商肆，毁此刀兵炮火之中，顿成文明的碎片，史载的古迹文物于今几乎荡然无存！带着满身伤痕和对外开放曙色的梧州，从废墟中浴火重生，走向了民国。

（五）民国

民国的梧州开始了历史的新纪元。在武昌起义的枪声中老朽的清王朝大厦坍塌了，梧州是广西首个宣告独立拥护共和的地方政权。从 1929 年梧州一度成为广西首府这一史实可见梧州当时在广西举足轻重的分量。商埠局拆城墙，建马路，扩城厢，新纪元迎共和，一派大干快上的新气象。骑楼城就是这一时期骄人的杰作。骑楼城是梧州的商业街区，始建于清末民初，盛于 20 世纪二三十年代，是梧州进入现代文明的标志和一度辉煌的表现。当时的梧州是西江第一大港，航运发达，商旅云集，是广西外贸的总出口，有“半个梧州水上浮”之说。这“半个梧州”曾为广西带来滚滚财源，为广西经济做出重大贡献。民国时期著名的经济学家林家骧在给南京政府的一份经济调查报告中是这样评价梧州的：其在“广西经济上的地位，正无异于上海之于中国”。据资料统计，当时广西财政年收入 70% 来自梧州，梧州海关进出口总值占广西 80% 以上，梧州的工业总产值占广西 1/3。如此的经济地位，作为商贸大舞台的骑楼城该是何等的光景和气派。骑楼城的建筑可称之为万国建筑师作品的博览会，楼高一般都在三层或四层，有的加半层为露台，外墙最高处都依例装饰有建筑师所属国家或公司的标志图案。骑楼城业主往往不惜工本聘请名师巧匠，争奇斗胜。于是，各种西方流行的建筑风格、流派各呈异彩，巴洛克式、古罗马式、拜占庭式、哥特式、希腊风格、法国风格、意大利风格，象征世界现代建筑文明的成果，都浓缩到骑楼城之中。历史和地缘因素形成梧州独特的地位：既是军事要塞，又是通商口岸；既是重镇，曾一度成为岭南政治、经济、文化的中心和行政首府，又是行政省区的边缘化地带；既是广西最早进入现代文明的桥头堡，又是两广经济模式的分水岭；既是广西的水上门户，又是泛穗港化的离都；曾是殖民地色彩浓郁的商埠，又是杂神崇拜陋俗流行的乡土；既是蛮夷土著氏族的原居地，又是北方各路移民驻足，荆楚文化、巴蜀文化、中原文化、粤港文化和八桂文化交流整合，域外文化和宗教立足传播的大驿站、大舞台。民国时期的梧州是广西近代化、现代化的桥头堡、大动脉和经济、政治、军事中心。20世纪30年代，英国《大不列颠词典》就有梧州是广西最大的对外贸易商埠的词条记载。广西全境几乎都在西江流域之中，这是一条直通穗港澳，可通海外世界的大河。梧州是广西的水上门户，广西境内784条河流均经梧州出珠江。中国近代史的第一页就是在它的入海口处开始的。因为有这条江，使广西几乎是与广东同时进入了近代文明。太平天国、辛亥革命、孙中山、康有为、“五四运动”、第一批共产党人就是沿着这条江进入广西的。广西最早的民族工商业，最早的商品经济，最早的学运、工运、农运，最早的中共广西省委，最早的正规大学、商业银行、商会和现代科学文化，都是沿江入驻梧州然后上溯入桂。尾大不掉、纵横中国的桂系也是以西江为依托进退，梧州就是桂系首领的行辕。当时，清末民国的一代风云人物康有为、孙中山、宋庆龄、蒋介石、胡汉民、廖仲恺、陈少白、许崇智、魏邦平、李宗仁、白崇禧、邓演达、黄绍宏、李济深、陈济棠、黄旭初、夏威，一代抗日名将叶琪、蔡廷锴、谢鼎新、陈济垣、石化龙，一代文化精英关冕钧、马君武、费孝通，一代卓越的共产党人周恩来、陈勉恕、陈漫远、谭寿林、龙启炎、周济、钟云、李素秋、林培斌、郭金水等，均在梧州这个历史舞台留下身影与足迹，有的甚至洒下热血献出生命！真可谓风云际会，龙腾虎跃，刀光剑影，叱咤风云。现代梧州人最记忆犹新又最为抱憾的一次格局，就是孙中山三次召集将官们在梧州策划和部署北伐，每次都在千钧一发之时，皆因阵营内被人掣肘而功亏一篑。为何孙大元帅及其战将们一而再再而三地要在梧州挥师北上？除桂粤关系的政治原因外，显然是梧州为军事重镇在当时已非此莫属了。

二、梧州地方特色

梧州地处中国岭南的地理中枢，北回归线穿城而过，丘陵起伏，群山连绵，极少平地，平地面积在广西14个地级市中排倒数第二。梧州地处珠江中游，城区在西江与桂江的交汇处，依山傍水，通江达海。广西全境937条河流中的784条均流入西江经梧州出境，北有漓水通长江水系。梧州属亚热带季风气候区，日照充足，气候温暖，无霜期长，雨量充沛。全境丘陵多，洼地多，水面多，平地少，林地、牧草地、园地、水面和未利用土地共占总面积的 80.68%。森林覆盖率居广西各市之首。水土流失面积在总面积的 4.7% 以下，属全国最低。

对一个城市形象和地方特色的挖掘、发现、升华，对具有民族性、地方性、个性化的城市文化进行形象表述，应着眼在城市的发展将从以物质生产和单纯经济增长为中心的发展模式，转向以人为中心，保持生态环境与人文环境协调、平衡的发展模式。若非如此，则难以发掘这个城市独一无二的城市品格和灵魂。基于此，梧州的地方特色可以如下表述。

梧州是中国一座拥有 2 000 多年历史文化的古城；是一座十分适宜人居的生态绿洲；是岭南的一个商品集散地，既是传统的商埠，又是西江一大外贸港口；是岭南文化的发祥地，是山水文化特色的岭南粤东风情浓郁的城市。这就是独特的城市品格和灵魂。

三、梧州历史文化的价值

梧州是一座拥有两千多年建城历史的文化古城，是出土文物特别丰富的城市，是岭南文化的发祥地，是粤语方言的发源地，是佛教东传中国的始圣地，是海上丝绸之路的枢纽，是两汉岭南的政治、经济、文化、交通的中心和首府，是历史上岭南的军事要塞、兵家必争之地；是典型的岭南粤文化风貌的城市。

第二节　梧州民俗文化概述

一、梧州民俗文化分类

（一）生产贸易民俗

1. 农业民俗

农业民俗包括农具制造民俗、农事生产管理民俗、农耕礼仪、农耕节气民俗、农作技法民俗。

2. 采集民俗

采集民俗包括采山野菜野果民俗、采中草药民俗。

3. 工匠民俗

工匠民俗即技艺传承民俗。

4. 贸易民俗

贸易民俗包括集市民俗、行商贩卖民俗、坐商店铺民俗、水陆商旅民俗、叫卖吆喝、幌子招牌、老字号及其影响、民间消费习俗。

（二）衣食住行民俗

1. 服饰民俗

服饰民俗包括衣着类别民俗、修饰装束民俗、服饰礼仪民俗。

2. 饮食民俗

饮食民俗包括日常饮食民俗、节日祭日食俗、调制烹饪食俗、特色风味食俗。

3. 居住民俗

居住民俗包括房屋建造民俗、宅院格局与居住民俗、室内陈设民俗。

（三）社会家庭民俗

1. 家庭民俗

家庭民俗包括长幼尊卑民俗、家庭起居民俗。

2. 家族民俗

家族民俗包括家族亲族民俗、宗族群体民俗、亲属称谓、亲邻关系民俗。

3. 两性民俗

两性民俗包括性别民俗、孤寡民俗、两性交往民俗、性教育民俗。

4. 社团民俗

社团民俗包括同业行会民俗、结义结社民俗。

5. 乡规民约民俗

乡规民俗包括社交礼俗、寨组织俗制、村民协力俗制、习惯乡规。

（四）人生仪礼民俗

1. 生育民俗

生育民俗包括诞生礼俗、养育民俗、教育民俗、成年礼仪、人生礼俗。

2. 婚嫁民俗

婚嫁民俗包括恋爱民俗、订婚民俗、媒妁民俗、婚姻俗制、结婚礼仪。

3. 敬老民俗

敬老民俗包括祝寿民俗、尊老民俗、养老民俗。

4. 丧葬民俗

丧葬民俗包括报丧民俗、祭奠民俗、出殡民俗、服丧民俗。

（五）生态民俗

生态民俗包括气象生态民俗、山川生态民俗、动物生态民俗、植物生态民俗。

（六）信仰民俗

1. 图腾禁忌

信仰民俗图腾民俗、占卜民俗、禁忌民俗。

2. 民间宗教

民间宗教包括巫术巫师巫教、民间神俗、民间宗教、民间鬼狐、民间迷信。

3. 神灵崇拜

神灵崇拜包括灵魂崇拜、祖先崇拜、儒道佛崇拜、民间庙会、其他宗教崇拜。

（七）岁时节令民俗

1. 岁时民俗

岁时节令民俗包括生产时令民俗、生活时令民俗。

2. 节庆民俗

节庆民俗包括春节过年民俗、四季节日、村落庆典、家族典礼、家庭与个人喜庆。

（八）语言文学民俗

1. 语言民俗

语言民俗包括民间俗语谚语、语言崇拜民俗、语言民俗、语言禁忌。

2. 口头文学

口头文学包括神话、传说、其他民间故事、歌谣。

（九）民间艺术

1. 民间工艺美术

民间工艺美术包括民间工艺、民间美术。

2. 民间音乐

民间音乐包括民歌民调、民间器乐。

3. 民间舞蹈

民间舞蹈包括民间歌舞、民间乐舞、舞狮、舞龙。

4. 民间说唱

民间说唱包括民间说书、民间弹唱、民间曲艺。

5. 民间戏曲

民间戏曲包括民间小戏、粤剧。

二、梧州民俗文化的亮点

梧州这一座历经 2 000 多年历史发展的古城，积淀了丰厚的文化底蕴，梧州民俗文化的亮点如下。

（一）饮食习俗文化

梧州面靠西江水，与粤、港、澳毗邻，市井繁华，不仅酒楼饭馆的佳肴丰富多彩，而且大街小巷的风味小吃品类繁多，在广西长期流传着“食在梧州”的说法。梧州有着独特的饮食习俗文化，茶文化、风味小吃文化、酒文化，满月酒、周岁酒、六十大寿，七十大寿、八十大寿、九十大寿礼仪宴席酒文化等。

（二）节会文化

节日文化习俗在梧州是影响深远的民俗事象，是传承比较集中的民间文化，特别是在梧州这一座水文化风情浓郁的城市，许多节会文化都彰显着水的特性。春节合家团聚，元宵花灯节，三月三“炮节”和吃黑米饭的习俗，农历七月初七的乞巧节有“拜七姐”和“贮存七月七水”的习俗，端午节“龙舟竞渡”，冬至有“冬至大过年”的过节习俗，重阳节登高爬白云山等重大节会保持着千百年来古朴的民风习俗元素。

（三）钱币文化

宋神宗熙宁四年（1071 年），朝廷以“梧州铜锡易得，令置监开铸”，在梧州设置元丰监，由此开创了梧州历史深厚的钱币文化。梧州于 1997 年成立钱币学会，对钱币进行学术研究，最大限度地发掘钱币实物所蕴含的历史，了解钱币的人文价值。

（四）戏曲、民歌文化

粤剧是岭南地区戏曲剧种之一，主要流行于粤方言地区。梧州是粤剧发源地之一，粤剧文化在这一座古城里扎根深厚。梧州粤剧在20世纪三四十年代已经享誉粤港澳，很多名艺人在梧州开班。一直到20世纪50—70年代，珠三角及广西各地的剧团都有不少来自梧州的“主角”。1951年，梧州粤剧团正式成立，在两广享有盛誉，在粤、港、澳地区也有相当著名的戏曲表演团体，直到今天由梧州粤剧团演出的优秀传统剧目《女驸马》《孟丽君》《双结缘》《百鸟衣》《罗汉钱》等，一直深受梧州广大老百姓的喜爱和欢迎。梧州地处三江水口，水上定居的渔民及往返运输的船户甚多，他们历来被称为疍家或者疍户。疍家人唱的歌谣独具一格，腔调叫“咸水歌”，有著名的民歌《撑船歌》《堂迅谣》《滩路歌》等。渔民们用歌声唱出生活习俗特点，反映四季鱼汛，内容丰富多彩，情调优美动人。牛娘戏也称作牛娘剧、牛戏、地戏或长衫戏，是岑溪市具有浓郁地方特色的地方戏，牛娘戏是在当地民间歌舞“舞春色”的基础上演变而成的，每年春节前后，当地群众自发开展迎春活动，祈求五谷丰登、六畜兴旺。牛娘戏中有说、有唱，娱乐性很强，深受当地农民喜爱。蒙山县每年农历八月初四举办的盘王节，是夏宜瑶族人民的歌圩。八月十六日为修路节，是长坪瑶族人民的歌圩。每逢歌圩佳节，瑶族的男女老少都穿上盛装艳服，赶赴歌圩，唱歌跳舞，用歌声和舞蹈表达对美好新生活的赞颂，场面其乐融融。男女青年利用对歌的形式，互相倾吐爱情，问答姓名，唱到情投意合时，互相赠送信物定亲。

（五）建筑文化

梧州山清水秀，风光旖旎。最著名的八大建筑有白鹤观、龙母太庙、邓公庙、武庙、粤东会馆、李济深故居、中山纪念堂、西竺园。其中，梧州市的骑楼建筑最著名，堪称一部深刻记载昔日梧州风土人情的活字典。骑楼的建筑风格是由梧州特有的地理位置、历史文化背景融合而成的。现在梧州市的骑楼建筑主要分布在河东老城区，东起梧州大酒店，沿云盖路、阜民路、文化路、东正路、东中路、建设路、桂北一路、桂江二路、西江路围合，骑楼密布，保存状况完好，在国内实属罕见。

（六）宗教信仰文化

主要以佛教为主，在历史上牟子、契嵩等佛教名人远近闻名，白云山的四恩寺、龙母庙、西竺园蕴含着重要的佛教文化资源。除佛教文化外，梧州的道教文化也源远流长，位于梧州鸳鸯江畔的白鹤岗南麓的白鹤观及西江路狮子山上的谭公庙均有着浓郁的道教文化气息。其中，白鹤观是目前广西境内保存最完好的道教宫观。

（七）苍梧文化

苍梧文化，即发生在西江中部，横跨粤湘桂三省区交会地以广信为中心的古苍梧地区，由中原文化和越族文化不断碰撞、融合而形成的有别于中原正统文化的兼收并蓄的区域文化。苍梧文化内涵博大精深，包括相互融合的青铜文化、积极进取的舜帝文化、利泽天下的龙母文化、教化育人的名人文化、兼收并蓄的广信文化和对外开放的海陆丝绸之路对接文化等，蕴含丰富的人文精神。古苍梧地区，历史悠久，文化积淀深厚，既是粤语的发源地，也是岭南文化、珠江文化的发祥地。苍梧文化的文化遗存很丰富，包括史前遗址、青铜文化遗存、故城古迹、寺观庙宇、古窑古墓等。

（八）旅游文化

梧州市自然资源丰富。梧州山水钟灵毓秀，山在城中，城将水抱。有风光、胜迹和文物点250多处，有被苏东坡称为“鸳鸯秀水世无双”的鸳鸯江，有爽岛大型天然瀑布群、全国最早建设的孙中山纪念堂、东南亚最大的蛇园、世界最大珍稀保护动物黑叶猴人工繁殖基地、太平天国封王建制遗址、李济深故居等一批独具特色的自然景观和人文景观。

（九）龙母文化

龙母文化作为西江文化之源，目前已被列入广西首批民族民间文化保护工程。民间的龙母传说以及对龙母的崇拜促进了西江流域一带龙母庙宇的广泛修建。其中，北宋时期于梧州城北桂江河畔修建的龙母太庙最具影响力，与分布在珠江西江流域、港澳及东南亚地区的龙母庙相比，梧州龙母太庙有“更古、更高、更大、更灵”的特点。除了梧州龙母太庙外，北宋初年于藤县城胜西村、清代于岑溪三堡建立的龙母庙也都是岭南地区著名的古建筑。

（十）瑶族文化

夏宜瑶族乡是梧州最大的少数民族乡，瑶族人民勤劳朴实、热情好客，每逢盘王节，夏宜周边村寨的瑶族同胞便云集在夏宜街“闹歌圩”，把美好的新生活、爱情、幸福寓于歌声之中。节日往往要持续两三日，约有万人聚会，热闹非常。长坪瑶族乡内聚居着瑶族、壮族、汉族三个民族，有着典型的大杂居、小聚居的少数民族居住方式。每年八月十六日修路节是长坪瑶族乡瑶族人民的歌圩。长坪瑶族乡的人们较习惯跳“师公舞”，唱“麻哈列”。

（十一）意头文化

从语言的角度看，“幸福”“喜悦”“顺风”“大四喜”等吉祥语是社会心理的反映和表现。在南方地区，商贸气息浓厚，商场如战场，瞬息万变，危机感在商家的心里十分敏感，所以吉祥语在商业活动及日常生活中十分受推崇。在梧州，随着吉祥语的广泛应用，渐渐形成了一种“意头”文化，在人们的日常交际活动中很讲究“好意头”。因此，在“意头”文化的影响下，梧州的商号命名、饮食菜色命名也多呈现使用吉祥语的现象。比如，在除夕之夜，家家户户要蒸年糕、吃年糕。因为粤方言的“糕”与“高”谐音，“年糕”寓意“年年高升”，一年比一年过得好。大年初二，人们会把煎熟的鲮鱼用碟子盛好放进米缸里，因“鱼”与“余”同音，取“年年有余”的吉祥意。还有，结婚当天，新郎把新娘接回家后，也和亲友共同分享百合、莲子糖水，取“百年好合，连生贵子”的吉祥意；或用花生米掺着白糖来吃，寓意甜蜜蜜或“密密生”，因“密”与“蜜”同音，“密密生”是取传统意义上的“多子多福”这一吉祥意。

（十二）疍家文化

疍家以舟为家，打鱼为生，摆渡为业，船舱为床，艇尾为炊，在岸边滩涂种蔬菜养鸡犬、织网、补船。疍家人一般都有大小艇各一条，大艇做住宅，为起居之所，小艇做打鱼及江上交通之用。千百年来，疍家在江上风波烟雨中繁衍生息，形成了梧州水文化中的一支——疍家民俗。疍民的婚嫁死葬、语言歌曲讴保存着浓厚的粤文化风味。疍民的水上民歌曲调悠扬，怨叹的色彩浓郁，被称为“叹花”。如今，随着梧州的经济发展，水上居民一律实行搬迁上岸安置，传承数百年的疍家文化一步步远离了人们的生活，很多渔民上岸之后都不愿再次提起往昔艰苦的生活，所以与疍家民俗相关的文化也渐渐走向消亡。

（十三）乡土文化

梧州的乡土文化由东诗（苍梧）、西球（藤县）、南戏（岑溪）、北歌（蒙山）和中部市区的粤剧（梧州）五大板块构成。岑溪的牛娘戏，古朴欢快、风趣幽默，是中国剧种中的珍品；梧州市郊的鹿儿舞，纯真朴实、土而不俗，表达了人们向往幸福的美好愿望；火碗舞，糅杂技与舞蹈于一体，象征着光明兴旺；麒麟白马舞，动作多变、气氛热烈，是农村中恭贺新禧常见形式。苍梧石桥镇的鲤鱼舞，欢快喜庆，平添活力，表现了鲤鱼跃龙门的上进精神；沙头镇的木樨舞，人兽激斗、孔武有力，显示了人类的强大力量。古代的民间舞，从其特点来看，主要是古代人们以模仿动物的形象而舞的舞蹈，其内涵与中国各地的传统图腾崇拜有着密切的关系。在固定的时间，将这些反映西江人民劳动、生活、爱情、历史的剧、舞展现给观众，既能让人民大众参与，又能突出地方特色，提高梧州市的旅游地位，对吸引知识型旅游者起着较大作用。

（十四）鸳鸯江文化

梧州市坐落在浔江和桂江的交界汇合处，青山怀抱，绿水潆绕。古郡八景，令历代俊彦争相吟咏。唐代诗人张九龄身置西江月夜澄澈柔美之景，诗情泉涌，一首《西江夜行》咏诵千载。宋代诗人苏东坡于宋哲宗绍圣年间（1094—1098年）曾路过梧州，赋诗曰："九嶷连绵属衡湘，苍梧独在天一方。孤城吹角烟树里，落日未落江苍茫。"后来，苏东坡奉赦回朝，再次游历梧州桂江，吟出"我爱清流频击楫，鸳鸯秀水世无双"的著名佳句。随着大文豪的佳句的传诵千里，梧州的鸳鸯江也闻名于世，鸳鸯江的水文化内涵也越来越丰富。

（十五）传统体育文化

龙舟竞渡历来被视为梧州民俗活动中的盛事，其规模极为宏伟壮观。明代魏濬《峤南琐记》载："梧江（指梧州一带）竞渡龙舟，长十余丈，坐可五十余偶。有衣白数人，分立舟上，每棹动则手麾小白旗，左手麾袖。袖甚长，如所谓郎当舞袖者。"这种情况一直保持到清代，而龙舟竞渡这项传统体育项目一直沿袭到今天。藤县狮队组建于1997年，原只是农闲时节喜庆欢乐的一种娱乐活动，近年来这支队伍已经走向全国乃至世界舞台。藤县醒狮团独创的侧控翻下桩、钢丝前滚翻、飞桩等高难度动作，堪称世界一绝，有着"东方狮王、世界狮王"的称号。在体育事业蒸蒸日上的今天，梧州的传统舞狮运动对弘扬民族文化、增强民族凝聚力、发扬体育精神有着重要的社会价值功能。

第三节　梧州民俗文化发展现状分析

梧州是一座历史悠久、文化底蕴深厚的古城，迄今已有2 000多年的历史，是西江文化最早的一个文化中心，是岭南地区政治、经济、军事、文化重镇之一。其地处广西壮族自治区东部，西江、桂江交汇处，毗邻粤、港、澳，曾有广西“水上门户”的美誉。早在百年前，梧州就依托着河内港的优势，乘“襟连两广，水控三江”的东风，成功转型为“墒萃集之所，百货出入之枢”。因水而兴的百年商埠，有着鲜明的历史发展个性和独具一格的文化特色，骑楼文化、饮食文化、戏曲文化、龙母等宗教信仰文化传承久远、厚重奇特。当前，民俗文化遗产的保护与开发利用问题已经越来越受到国内外的重视与关注。近年来，梧州在这方面已经做出了很大的成绩，但是对民俗遗产保护力度仍不够，开发利用不充分，缺乏有效的组织引导和资金投入，梧州市民俗遗产依然面临着严峻的生存和发展形势。保护、管理和合理利用优秀的民俗遗产，有效开发民俗文化空间，具有十分重要的意义。民俗文化的发展势必会有力推动梧州打造岭南山水文化名城的步伐，促进梧州城市文化发展和城市文明建设。

梧州民俗不仅是活着的过去，还是未来的过去，更是现在梧州人民生活文化的重要组成部分，然而在其蓬勃发展的背后，梧州民俗遗产面临着严峻的生存和发展形势。

一、传统民俗文化意识淡薄

梧州传统文化博大精深，汇集着数千年中华文明的思想和智慧。然而，随着时代的发展和社会节奏的加快，人们的传统民俗文化意识淡薄了，对传统民俗文化了解不深，并呈现出一代一代递减的趋势。

（一）人们对传统节日民俗的内涵和背景了解不够

关于梧州节会民俗活动，只有少数人知晓每年农历三月初三有“吃黑米饭”的习俗。很多人将农历三月初三的民俗活动与清明节的民俗活动相混淆。从语言的角度看，“中国情人节”这个词语是相对于“西方情人节”而产生的。每年2月14日“情人节”成为公众热议的话题，并由此带来了巨大的商机和利润。但是相比之下，中国传统的农历七月初七“乞巧节”或“七姐节”就没有那么大的影响力。所以，在外来文化的冲击和影响下，梧州的节日民俗文化与外国节日文化相比处于弱势的状态。这种“弱势”不单单体现为“吸引力”不足，更多的是我们的文化亮点没有进行有效的开发与利用，以至于我们土生土长的传统民俗没有形成强大的竞争力。人们的传统民俗文化意识比较淡薄，对传统民俗文化的内涵价值和背景了解不够。除此之外，反映出受传统民俗影响的人们的观念里存在封建迷信的不良思想，这也是今后民俗文化宣传与推广的过程中应该重视的问题。

（二）民族文化的体认群体出现断层现象

人们在对传统民俗的体认呈现中发现，能够清楚了解梧州民俗文化的人大多数是老年人，他们可以把一个民俗的来龙去脉解释得清清楚楚，其中的规矩、寓意、禁忌都十分了解。家庭里比较传统的中年妇女也比较熟悉梧州民俗。而大多数中年人，他们则是了解不深，对其中的民俗细则更是不清楚。至于年轻人，了解程度更不乐观，有的甚至连本土的一些常见习俗都不知晓，并且没有主动了解的兴趣，认为这是旧时代的一套，与新时代社会格格不入。另外，大部分家长为了让孩子们过节过得开心，许多民俗传统规矩、礼节都删繁就简了，只追求“开心就好”的简易生活。这就造成了民俗文化的体认群体出现断层现象，最终将会导致民俗文化遗产的流失。

（三）饮食民俗背后的文化元素被淡化

梧州素有“水上街市”之称，艇仔粥被列为“梧州市著名传统小食”之一，有 80% 的受调查者表示对艇仔粥中所使用的食材以及艇仔粥的历史来源了解不多或根本不了解。另外 20% 的人被香味飘远的艇仔粥总能勾起一番“怀念”之情。这部分人以中老年人居多，他们十分怀念“艇仔粥”的历史——旧时水上人家，在江面上做生意，摇着小艇装着生活必需品、食品沿江叫卖，其中以卖粥为最多，粥料通常有叉烧、西肚、鱼柳、花生、虾米、炸粉丝、葱花、生菜等。他们表示如今能尝到一碗正宗的艇仔粥便觉得很“亲切”。另外，调查小吃店负责人对饮食文化的看法时了解到，有 60% 的店铺负责人反映饮食生意靠的是烹饪技巧及真材实料，只要有好的手艺能做出美味可口的食物就必然能吸引顾客，至于文化元素则是微不足道的。由此看出，梧州饮食文化的发展仍处于比较落后的阶段，饮食文化的意识还比较淡薄。

（四）丰富的文化资源与现有的文艺成果不成正比

梧州是一个有着2 000多年历史的古城，它保留着许多古老而独特的民间艺术形式。这些民间艺术形式多样，内容丰富，如粤剧、疍家的水上民歌、岑溪牛娘戏、蒙山县歌圩、苍梧采茶剧等。但大部分人表示不清楚梧州戏曲、民歌的种类及分布，只有少数人能简单概述梧州粤剧的发展情况，并列举出一些经典粤剧剧目，而对于梧州的水上民歌、牛娘戏、瑶族歌圩等梧州民间艺术则普遍不了解。梧州丰富深厚的文化底蕴给文学创作提供了宝贵的资源，但是目前市面上，关于梧州文学创作的刊物、文学作品成果却与丰富的文化资源不相符，能够提供给作家和文学爱好者发表作品的空间非常有限。除了人们常接触到的梧州日报和西江都市报，其他形式的文学平台仍有待进一步搭建与完善。这样才能充分发挥梧州得天独厚的资源优势，进一步推动梧州的精神文明建设及经济的多样化发展。

（五）品牌民俗旅游点优势突出，但旅游民俗整体仍缺乏文化引导

梧州旅游民俗资源丰富，如与龙文化密切相关的龙母庙、系龙洲、云龙花园；与梧州古老生活习性密切相关的骑楼城、金龙巷，与宗教信仰相关的白鹤观、四恩寺等。这些景点融合了梧州古老的民俗文化，别具地域风情。游客在参观游览的过程中，对本土民俗的宣传效果颇佳。很多人通过参观梧州骑楼城了解铁环、水门这两个骑楼标志。大部分人认为，骑楼城与梧州市民以前的生活习性密切相关，是最能代表梧州传统民间特色的建筑物。但是，人们对梧州的一些景点则了解不深，像白鹤观、金龙巷、系龙洲等景点，就鲜有游人前往观赏游玩。这些景点有着丰富的游览参观价值，但是仅少数人愿意去白鹤观玩，大部分人不了解金龙巷，主要在于这部分景点缺乏民俗文化内涵的有效引导，在开发与利用的过程中没有注重民俗旅游的观赏性、情趣性、参与性的挖掘。因此，这部分旅游景点的知名度就大不如优势品牌旅游景点。

（六）梧州民俗文化遗产保护工作困难重重

民俗文化资源包括有形的物质遗产和无形的非物质文化遗产，都是不可再生资源，一旦毁灭或消失了就意味着永绝于世。即使现在科学技术发达到复制成功，那也只是“假古董”，少了原有的韵味和研究价值，所以对民俗文化遗产的保护刻不容缓。目前，民俗文化遗产的保护面临着许多问题，梧州受城市现代化建设与外来文化冲击、民俗文化开发缺乏资金等因素的影响，民俗文化遗产的保护工

作困难重重。这就要求人们要提高保护本土民俗的意识，自觉地承担起维护和建设本土民俗文化的责任，与政府一起将梧州的民俗文化遗产更好地传承下去。

（七）公益活动成为市民最受欢迎的民俗文化宣传方式

公益活动的宣传方式最为广大市民所推崇，公益活动可以调动人们的积极性，使人们成为宣传的主体，热情地参与到宣传的活动中来。这种公益性的宣传方式在梧州广受推崇，与近年来梧州市志愿者队伍建设不断完善密切相关。在近年来的大型节会上，志愿服务的理念越发深入人心，再加上梧州市志愿者协会推出了“星级”志愿者的管理理念，大大激发了梧州市民广泛参与公益活动的热情。所以，民俗文化的宣传方式与公益理念相结合，可以为广大市民特别是青年人提供一个亲自参与保护和开发民俗的机会，亲身体验到保护和发展民俗文化工作的重要性和必要性。

二、梧州民俗文化的保护和开发存在的问题

（一）梧州民俗文化资源的开发与利用不充分

梧州的饮食美味特色、品种多样，有龟苓膏、纸包鸡、艇仔粥、凉茶、冰泉豆浆等。这些别具地方特色的风味小吃，遍布梧州各个角落，深受广大市民乃至外来旅客的喜爱。但是，此类文化的保护与开发利用工作仍是做得不够。首先，宣传的方式陈旧，缺乏宣传亮点，导致很多人对梧州的饮食文化了解不够。其次，本地饮食不管是在制作上还是在经营服务上都缺乏创新，受到外来饮食的冲击。比如肠粉，它的顾客大多是梧州的老市民；而柳州螺蛳粉、桂林米粉、重庆酸辣粉却普遍受到广大人民群众的喜爱，这是因为他们懂得在制作与经营服务方面有所创新。再次，缺乏走向国际市场的长远规划。很多风味小食和饮品仅将发展的眼光局限在本市，没有形成要打包成特色产品加以推广的意识，没有树立品牌观念的意识，这严重阻碍了本土饮食业的发展。总之，要使梧州的特色饮食广为流传，就要改进宣传方式，转变生产观念，在经营方式上求创新、求发展，在服务理念上求优质、求新颖，在规划上求长远、求深刻，充分挖掘本土饮食行业的特色，促进民俗产业的发展。

梧州有着两千多年的历史，如今还保留着很多古老而又独具特色的建筑，如骑楼城、金龙巷、地委大院等。这些建筑历经几千年的风吹雨打，仍保留着当年的傲然姿态，这得益于政府及有关部门的保护，但是在宣传开发利用工作

方面仍存在着不足之处。虽然这些古老的建筑有的被作为旅游景点进行开发利用，但是没有形成一个系统的开发利用模式。比如，金龙巷景点内缺乏相关的服务业，利用形式单一化，没有充分挖掘其中的资源价值，缺乏专业的景点介绍，特别是景点背后的文化因素介绍等。如此枯燥无味的游览，自然使游客兴趣索然，望而却步。

梧州是龙母文化的发源地。1989年，梧州市投入资金修复了龙母殿堂、牌坊等龙母文物设施。通过保护和修缮龙母太庙的工作，使龙母文化得到有效保护。2004年，龙母文化被列入了广西民族民间文化保护工程第一批试点项目，同时举行了龙母文化保护工程启动仪式。在开发利用上，龙母文化也做到与经济发展相结合，每年龙母庙都隆重举行“龙母庙开光仪式”“龙母诞”“龙母开金库”等民俗民间活动，吸引了来自全国各地乃至世界各地的游客前来观赏。虽然龙母文化的开发与利用形成了一定的优势，但是在宣传力度方面仍有欠缺，一些本地的居民都不知道每年的龙母水灯节。由此可见，龙母文化的宣传还是有待加强。在今后的保护与开发工作上要不断地创新，充分挖掘龙母的价值，把梧州龙母文化确立为旅游龙头项目，向外推广，使龙母文化长盛不衰。

（二）公共基础设施建设的缺乏与落后

公共基础设施是推动经济社会发展的重要因素之一，道路基础设施、休闲娱乐基础设施、公共安全基础设施等关系着一个城市旅游业的发展。没有好的基础设施就难以推动一个景点的兴旺。梧州的旅游景点发展现状不甚乐观，仍存在着许多问题，如景点内缺乏足够的基础设施和娱乐设施、缺乏相关的服务行业、景区内安全得不到保障、景点开发不合理使环境遭受破坏等。以系龙洲为例，开发利用极其不足，带动经济发展的力量极其薄弱。岛上虽然有着丰富的旅游资源却没能得到充分的开发利用，缺乏相关的公共基础设施建设，特别是交通不便的问题尤为突出。船运是目前通往小岛的唯一方式，却时常受到季节气候等因素的影响。景点位于江心的位置，岛上存在着沙滩崩塌、游人落水等安全隐患。另外，岛上由于缺少垃圾桶等公共设施，致使岛上垃圾遍布。一些极具“杀伤力”的垃圾（如破酒瓶），时常威胁到人们的安全。此外，服务行业、休闲娱乐设施的缺乏给游客带来诸多不便。基于这些问题，许多游客只能“望江兴叹”了。

（三）民俗文化开发利用的整体效果欠佳

目前，梧州部分民俗文化现象、个别项目已经有了一定的声势及文化辐射，如龙母文化、骑楼文化、体育文化，但是就整体而言还没有形成合力，各种民俗文化门类不仅分散，还处于缺乏有效管理的状态，没有形成一个整体共同发展。因此，梧州民俗文化的整体影响力不足，对经济的促进作用不明显。比如，梧州的钱币文化、民歌文化、乡土文化等影响力较小，影响范围有限，竞争力不强，发展机遇不佳，对梧州经济发展的贡献、影响不大。而独立发展的骑楼文化、体育文化、龙母文化虽然发展较好，但对市场的冲击力极为薄弱。各旅游景点发展的不平衡致使民俗文化的开发利用效果不尽如人意，要缓解这种局面，就要改变当前民俗文化零散发展的状态。一方面，各类民俗文化要形成整体的合力，各类旅游景点形成一条龙进行包装宣传，以全新的姿态和强劲的冲击力进入市场。例如，体育文化可以与民歌文化、乡土文化结合起来，使粤剧、龙舟竞赛、民歌、舞狮比赛等不再是一个个弱势的个体，而是一个休闲却强劲的整体。另一方面，各类民俗文化要充分挖掘自己的特色，将自己的特色进行品牌包装，形成品牌优势，进而带动其他民俗项目的发展。

（四）工业化生产冲击下的手工技艺民俗形势严峻

在这个追求速度的时代里，随着经济社会的发展，传统手工艺技术逐渐退出市场，由此面临的形势便是部分手工艺技术失传的危险。比如，梧州街边的小吃龙须糖的制作是一门手工艺技术活，但是现在出现在市面上的摊点越来越少。梧州市内的龙须糖摊点屈指可数，且以中老年人居多。现在很多年轻人都注重现实的经济利益，由于手工制作的龙须糖是小本经营，能获得的经济利益也只是蝇头小利，所以现在很多人都不愿意向老师傅学习这门手工艺技术。面临现代化工业生产冲击的不仅只有龙须糖的手工制作技艺，还有每年端午节的粽子制作、元宵节的汤圆制作以及一些古色古香的门窗镂空技艺等。手工技艺的流传一旦中断了，那就意味着传统手工技艺精髓流失，永绝于世。在生产生活实践中，掌握某种特殊技能和传统知识的人，是传统民俗文化的优秀代表，是民俗文化薪火相传必不可少的中间人。民俗文化的弘扬离不开人民大众，更离不开这些经验丰富的老前辈们。而他们，会随着时间的流逝不断消逝，一笔笔宝贵的民俗文遗产也将随着他们永远离开我们。因此，保护传承民俗文化的老艺人更显至关重要。动员全社会培养民俗文化的传承人，建立民俗文化保护与建设的人才体系，是当前民俗文化保护与开发的重要途径。

（五）民俗文化欠缺专业性的深度研究与有效管理

目前，梧州对民俗文化的研究还处在比较浅显的层面，还没有形成一个比较完整健全的研究体系，没能完整、及时地服务群众，没能适应市场的文化需要。特别是关于民俗方面的书籍材料，仍处于稀少、零散、混乱的状态，欠缺真实性与权威性。处于边远山区的一些民俗文化更是处于缺乏总结、少提炼、无规范性文字记录的状态。比如，关于梧州的疍家文化中民歌的记载资料、民族乡瑶族歌圩的记载资料等便十分匮乏。再加上目前梧州很多乡土民俗文化都比较分散，缺乏有效的管理方式和指导研究机构，从而造成民俗文化气息不浓，有的甚至处于自生自灭的危险状况。梧州民俗文化扎根于民间，但是由于受到经费、人员、场地等原因的影响，更兼内容陈旧、传承方式俗套，致使民间民俗文化的氛围不浓，群众参与度不高，普遍缺乏主动性和积极性。这一系列问题带来的后果必然是民俗文化的传承受到很大的限制。在现代资讯发达的社会，群众对传统民俗活动的依恋逐渐减少，很多地方的民俗文化表演都出现了“自演自看”的尴尬局面。民俗文化研究的欠深入、资料数据库的不完善、研究成果的零散化、管理机制的无系统化、传承方式的低效性等，最终将会导致民俗文化难以形成强大的竞争力而逐渐被日益商品化的社会所淘汰。

三、梧州民俗文化资源保护与开发的建议

在现代化城市发展中，民俗文化是一座城市的软实力。有效地保护和合理开发梧州民俗文化资源，已成为全面推进岭南山水名城创建工作的重点。

（一）不断夯实梧州民俗文化发展的基础，打造梧州特色民俗品牌

梧州虽然有着丰富的民俗资源，但是仅依托先天的资源是远远不够的。梧州大部分民俗均面临着分布较散、精品民俗品牌不多、民俗环境的基础设施不完善等困难。所以，应该以科学的眼光对梧州民俗发展进行科学的谋划，不断夯实梧州民俗文化发展的基础，全力打造梧州特色民俗品牌，充分挖掘与民俗文化相关的资源。特别是一些著名旅游景点，如龙母庙、四恩寺、骑楼城、系龙洲、李济深故居、藤县石表山、岑溪石庙景等。这些旅游景点的游客服务中心建设、安全救急服务设施建设、公共休闲设施建设等要做好全面规划。通过

结合梧州的旅游资源做好基础设施规划，提升梧州民俗文化的品位档次和整体竞争力，从而推出一系列具有梧州特色的民俗文化品牌。

（二）整体把握梧州的区位优势，扩大民俗文化的发展外延

随着国家对北部湾经济区的开发，西江黄金水道的区位优势十分明显，梧州处于“泛珠”与“泛北”的交结点上，蕴涵着丰富的商机与发展活力。就目前形势来看，摆在梧州面前的便是一道全新的命题。梧州应该以长远的目光规划民俗文化的发展，大力打响民俗文化的品牌，这有利于将民俗文化发展变成新一轮的经济增长点。除此以外，梧州的民俗文化发展还应着眼于城市发展的大局。现阶段应结合梧州打造历史文化名城的工程建设，不断扩大梧州民俗文化的发展外延，让深厚的民俗文化凝聚起一股文明的力量，促进绿城水都、百年商埠的跨越发展步伐。

（三）加强民俗文化氛围营造，努力打造群众喜闻乐见的平台

就目前梧州民俗文化的传承情况来看，许多民俗活动尤其是文艺类的民俗活动多年停滞，创新能力不足。例如，粤剧所演唱的剧目绝大部分还是祖祖辈辈流传下来的经典剧目，自主创新的剧本较少，并因为表演方式老套、表演内容和表演道具陈旧，而没有得到更好地传承与发展。所以，为了让梧州民俗文化更好的传承与发展，让这份文化遗产留给子孙后代共享，梧州应该努力加强民俗文化的氛围营造，努力打造群众喜闻乐见的平台。

① 经常组织群众文艺演出活动。围绕梧州民俗文化的亮点，经常性开设民俗文化节会活动，定期开展民俗文化展演活动，或举办一系列民间文艺赛事。通过比赛鼓励市民积极参与，提高民俗文化的公众参与度。

② 政府有关部门加强指导各类民俗文化社团的组建工作，加大资金投入及协调各大媒体的关注与宣传，活跃梧州民俗文化的发展氛围，引导各地区间的民俗文化交流，充分挖掘民俗文化的亮点。

③ 加强民俗文化公益基础设施建设，努力打造民俗文化发展所需的展示平台。根据本地实际情况，结合地区的民俗资源优势，兴建文化剧场、投资开发民俗文化村、开设周末民俗文化广场等，不断更新、改造相关表演队伍的道具、服装等，完善民间文艺组织团体，让民俗文化在民间再次“流行”起来。

（四）民俗文化的保护

① 加强民俗文化主体组织机制的建设，确保民俗文化的保障工作顺利开

展。除了进行非物质文化遗产的申报工作，政府应该积极引导、规范民俗文化的开发与利用，并在开发与利用的过程中强调“原生态”的理念，以保持梧州本土民俗的独特魅力。

② 扩大宣传力度，挖掘梧州民俗文化丰富内涵，强化民俗文化品牌。“酒香也怕巷子深”，梧州民俗文化必须加大宣传力度，改进宣传方式。在不破坏原生态的前提下，引进符合时代需求、市场需求的文化元素，结合梧州本土民俗文化的优势，不断创新内容，以吸引更多市民参与进来，扩大民俗文化的影响力和市场竞争力。

③ 在开发利用中，保护和建设民俗文化。对于民俗的开发保护，相关部门应本着坚持保护民俗文化的原则，积极地建立原生态民俗博物馆，鼓励社会和民间收藏。这样不仅全面展示了梧州丰富的民俗文化，还保护和保存了民俗的真实性、完整性、原生性、动态发展性。

④ 扩大招商引资，努力实现经济发展和民俗发展共赢。民俗文化的保护是一项长远浩大的社会公益事业，单靠民间是难以完成民俗文化保护和开发这一艰巨任务的。这不仅需要政府制定相关的保护政策，还需要政府有较大力度的资金投入，而其开发利用是否充分也需要一定资金的维持。目前，梧州民俗文化在保护和开发利用方面资金投入严重不足，导致一些民俗文化如戏曲文化、民歌文化、手工技艺文化未能得到更好的保护和开发利用。对此，政府可充分发挥在民俗文化保护和开发上的调控职能，引进外资加大对民俗文化的投资力度。在这方面，梧州市的鸳江丽港提供了成功的经验，其采用政府主导、公司运作的发展模式，加大宣传促销力度，扩大经营效益从而促进经济的发展，同时经济发展反哺民俗文化产业的发展，最终实现经济发展和民俗文化保护开发的共赢。

⑤ 坚持“取其精华，去其糟粕”的原则。民俗文化在传承中鱼龙混杂、良莠并存，许多恶俗和陋习形成了某种习惯势力，严重地阻碍了社会的进步，影响了民俗素质的全面提高。我们必须以科学的态度和方法去正确地认识和对待。

第六章　梧州民俗文化艺术美学研究

第一节　梧州建筑文化

建筑是人类生存的主要场所。历代的建筑记载着不同时期社会经济、文化、科技发展变迁的特征和内容。法国作家雨果说过："人类没有任何一种重要的思想不被建筑艺术写在石头上。"建筑通过其形态、风格、价值以及与周围的空间形象表征文化的内涵。这种文化既是一种物质环境文化，又是一种依托物质环境所渗透和展示的特殊精神氛围文化，具有十分明显的民族性、地域性和历史性。

一、岭南建筑简介

梧州身处南越之地，岭南建筑必然已经成为当地建筑的重要代表。岭南位于我国的最南部，地处亚热带地区，大致包括闽南、广东、海南和广西桂林以东大部分地区。其地理环境的特点是襟山带海、五岭雄峙其北，对岭南历史地理的发展影响极其深刻。此外，由于地处热带、亚热带地区，岭南形成炎热、潮湿、日照时间长的气候特点。特殊的地域铸就了独特的岭南文化。作为岭南文化组成部分之一的岭南建筑，始终体现着岭南文化特色。岭南建筑最有代表就要数骑楼建筑。骑楼作为一个比较有岭南建筑文化特色的代表，是越族先民干栏建筑的遗韵。晋张华《博物志》载："南越巢居"；南朝沈从远《南越志》也说南越"栅居"。所谓"巢居""栅居"，干栏。干指上面，栏指房屋。史前时代，岭南的原始建筑经历了洞穴、半地穴到完全地面式的发展过程。这种干栏，特点是干爽、通风、避暑、防潮，适合岭南亚热带气候和地理环境。

（一）骑楼简介

骑楼建筑最早盛行于南欧、地中海一带。20世纪初，广东一带将两方古典建筑中的券廊等形式与广州传统的形武相结合，演变成岭南特有的骑楼建筑。梧州地处广西桂东，为桂江、浔江和两礼交合处，素有“百年商埠”之称，是岭南地区政治、经济、文化中心。骑楼便是昔日商贸繁华的标志。骑楼在梧州很久以前就已经存在，窄窄的街道两旁，房子一般为3~4层。它们都好像长了脚，被柱子架在半空。仔细看，底层的房了似乎往里掏空2~3米，在街左右两旁各形成一条宽敞的人行走廊。这条走廊，长可达数百米甚至上千米。粤语老话说得好：“在人屋檐下，怎能不低头？人在骑楼下，无论是烈日炎炎还是雨水如注，你都可处变不惊。”而在中国传统的建筑里，廊是个常规项目，多是用来赏清风、邀明月、看水景。但骑楼的长廊，更像是社会公益，行在廊中，挡烈日、避风雨，都可心下皆安。骑楼一般分楼顶、楼身、楼底三部分。有的楼顶是尖顶塔形，有的在正面墙挑出拱形雨篷，造型丰富。墙面装饰也多种多样，有浮雕图案、窗洞形式、线脚、阳台铸铁栏杆等，有的融合了巴洛克或罗可可建筑装饰风格，有的是岭南特色的佳果与吉祥纹饰以及中国古典卷草图案，还有人把满洲窗也运用在骑楼上。而骑楼作为梧州特色的一个符号，它充分地体现了南越地区的商业特色，更见证了社会现代化进程，甚至成为岭南建筑独特的地域性标志。以上所述骑楼的由来及建筑特色在唤起梧州人对昔日回忆的同时，让我们更加深层次地了解骑楼的各种建筑符号。例如，比较有特色的花窝、砖雕、牌坊、斑驳的骑楼，锈蚀的铁环，独特的水门，还有过去喧嚣热闹的“摩啰街”等都是人们脑海中旧梧州的典型印象。过去，洪水入街时，市民并不惊慌。水到门口，垫几块砖，继续做生意、打牌、摸麻将。骑楼的居民们日复一日地在阴暗狭窄的空间里重复着每天的生活。于是，在2002年8月，梧州人民开始重视自己的文化遗产，通过建设“岭南骑楼城”的方案，提出梧州城市河东老城区建设和发展以山水骑楼为核心内容，把历史悠久且极富文化内涵的古典建筑骑楼面向全国乃至全世界开放，将维护与改造并逐步改善旧城区的居住环境。同时，重修河东防洪堤，打造名副其实的“中国骑楼博物城”，让其浓郁的民族文化特色融合在现代化的城市中。可见，冰冷的钢筋水泥一旦被赋予了饱满的人文精神，便有了灵魂，有了灵气。

（二）金龙巷简介

岭南传统民居建筑是中国传统建筑的一个组成部分，是中国传统建筑体系的一个重要分支。它既有承袭中原建筑文化、吸纳海外建筑文化的一面，又有保持本土特色的一面。梧州作为一个历史悠久的古山城，现所保留下来的古岭南建筑已十分少见，而至今保留得比较完整的建设二路金龙街已经是梧州不可多得的珍贵文化遗产。金龙巷在历史上为富绅聚居地。清乾隆八年（1743 年），梧州府副将朱武英把小校场改建官邸区，自家带头划地建住宅，其他官员纷至沓来。时至朱武英的第一、二代，此处已成为一个颇具规模的青砖大瓦房住宅区。业主除官宦世家外，还陆续迁进不少富商巨贾。因朱武英之家最早居于该地，其儿子朱金龙武艺高强，重情重义，名气很大，所以这个住宅区命名金龙社，清末改为金龙巷，民国时期称金龙街。现建设二路管辖一、二、三巷和小街，常住户数三百多，居民近千计，其中年过九旬的老人有多位，可称“寿星巷”，是广西东大门梧州古城保存比较完整的特色古民宅建筑群。金龙巷巷深路窄，巷内房屋普遍低层，高密度，甲第连云，鳞次栉比，多有广州西关大屋、竹筒屋屋式，“三件头”（脚门、趟栊、双扇厚木门）齐全，屋内天井解决内部通风、采光、排水问题，屋顶天台可种花木，有通风透热效果。金龙巷古民居的建筑艺术，处处体现出历史悠久的岭南文化与自然风光，是梧州不可多得的珍贵文化遗产。

二、岭南建筑文化特征

梧州地处岭南，旧时为了适应南方潮湿多雨、蒸晒酷热的自然条件，建筑注重通风透光、隔热防潮，具有典型的岭南建筑文化特征。建筑多采用骑楼形式，临街楼层作为商铺，楼上作为居住空间。骑楼的形式既方便行人遮阳避雨及逛街购物，又可以扩大楼房面积。同时，由于梧州是广西最早的港口开放城市，依据内核与边缘的二重构造分类理论，其处于中国文化的边缘区域，容易受到西方文化的影响。二者产生碰撞与交融，并逐渐整合形成新的建筑文化。因此，梧州骑楼城的建筑装饰呈现出明显的中式与西式文化特征。梧州市依山傍水，地处岭南地区。而岭南地区位于我国大陆的最南方，位于五岭跨越中亚热带、南亚热带和热带地区，气候湿润，降水充沛，处于我国丰水地带，汛期长达半年以上。这种特殊的自然条件形成了梧州的地域性水文化，“半个梧州水上浮”。在梧州的居住区所有的房门都没有门槛，便于洪水的退去，称之为水门。随着骑楼建筑的兴起，这种特有的水门与铁环在骑楼上也充分得以体现。由于现代城市的改造和防洪堤的建造，铁环的拴船功能已不复存在，水门已不再进水、排水，但在每个骑楼建筑上，铁环和水门已经成为标志。我们可以穿越时间的隧道，去感受、回忆那段历史的沧桑与时代的变迁、吉祥文化与和合文化的互融。

（一）吉祥文化

中国传统的吉祥文化发轫于古代先民对大自然的原始图腾崇拜，为了获得生存与繁衍，为了获得大自然的恩赐，于是驱凶纳吉成了原始人类追求生存的一种本能，由此创造出种种具有祥瑞寓意的装饰纹样。这种原始懵懂的思想观念历经秦皇汉武、唐宗宋祖千百年的发展，至明清达到了鼎盛时期，“呈现出图必有意，意必吉祥”的装饰特点，由此产生了“二龙戏珠”“百鸟朝凤”“平安富贵”等题材，表达了人民对美好未来的憧憬。而这些吉祥图案或吉祥元素，便成为人类对美好生活观念的物化。中国传统的吉祥装饰元素源于中华民族千百年来文化的积淀，源于中国传统社会结构与文化结构形成的群体审美意识，源于劳动人民朴素的民风与民俗。梧州骑楼城的建筑装饰语汇借助于神仙人草木花卉、祥禽瑞兽以及文字符号，采用谐音、象征、比拟、借喻的手法，通过手工匠人的精雕细琢，创造出众多生动精美的浮雕艺术品，表达了劳动人民对吉祥生活的精神寄托与美好愿望。吉祥的装饰主题与元素构建起了建筑装饰与人的本体存在的深层次的具有发生意义的关联。

（二）和合文化

和合文化是中国文化的融合精神。梧州地处中国传统文化的边缘区域，受中国传统内核文化的影响相对较弱，具有“大陆边缘文化”的特征。因此，其容易受到其他内核文化的影响。同时，依据涂文学的本土文化与外来文化这二元文化结构特征的理论观点。清光绪二十三年（1897 年）梧州开埠后，代表工业文明的西方文化涌入。但梧州骑楼城的建筑并不是西方建筑风格的全盘移植或复制，也并非西方建筑装饰语汇的牵强附会，而是在中国传统建筑文化与西方建筑文化冲突、融合的过程中，既保留了中国传统建筑的功能性长廊与建筑装饰图案或元素，同时吸收、融合了西方建筑的风格与装饰语汇，形成了新的建筑文化形态。梧州骑楼建筑中屋顶的山花造型不是指中国传统建筑中歇山式屋顶两侧形成的三角形的墙面，而是指西方古典建筑中檐部上面的三角形山墙，从三角形的造型到半圆形以及曲线的造型，成为骑楼建筑立面的重要装饰元素。梧州骑楼山花装饰图例梧州骑楼建筑中女儿墙上开有一个或多个圆形的洞口，其装饰语汇源于南洋地区为了减少台风对建筑物风荷载的技术处理，经过发展演变而形成了独具特色的建筑装饰艺术形态。具有南洋风格的女儿墙装饰图例梧州骑楼建筑在券柱式的处理上，融入了西方巴洛克建筑的柱头形式，产生出简化了的爱奥尼式柱的柱头造型形式。这种源于古罗马时期的本体性装饰解决柱式与拱券结构的矛盾，现在已经演变为附加性的装饰元素，这种券柱式的处理手法成为骑楼建筑立面装饰的重要组成元素。同时，在檐口线脚的装饰上，由西方的繁杂逐渐向现代的简约演变。

在中西建筑文化融突的动态过程中，梧州骑楼建筑构件——用于两柱之间的联系与承重的水平构件演变为现代的附加性装饰，形式上保留了中国传统建筑装饰的韵味，但额枋线脚的造型已经趋向现代的简约与简洁。民俗文化与装饰文化的共用建筑的本质是为人们提供一个健康、合理、舒适的生存生活环境；建筑装饰是劳动人民创造的一种与生产、生活、风俗习俗密切相关的，具有群体意识审美情趣的装饰行为，用来表达劳动人民对建筑装饰的审美诉求以及对美好生活的希冀与憧憬。梧州骑楼城牌坊的建筑装饰，不仅体现了中国博大精深的传统装饰纹样以及鬼斧神工的雕刻艺术，还蕴含着丰富的文化内涵与象征意义。如骑楼牌坊的四柱落墩上雕刻着龙凤呈祥与百鸟朝凤的图案，寓意着国富民强、阴阳和谐、幸福美满与吉祥福瑞。牌坊上方中间雕刻着二龙戏珠的图案：一则表现二龙腾飞，恭迎旭日，日升九天，万物盎然；二则寓意着古人对生命的呵护、爱抚与尊重，对传承不息的生命现象寓意着万象更新。牡丹寓意雍容华贵，国色天香；竹丛寓意节节高升，同时蕴含竹报平安之意；喜鹊隐喻喜上眉梢。在牌坊雀替的装饰中，采用了中国传统的吉祥动物——龙通天、善变、灵异、示威等神性，因为龙具有才智、权力的象征意义，同时龙是中华民族的代表，是中国的象征。骑楼城一些建筑外墙的浮雕建筑装饰图案取材于中国传统的祥禽瑞兽、草木花卉、神仙人物，组浮雕形象地传达着传统建筑装饰的寓意。正如陈其澎、孙全文在《建筑与记号》一书中所述："每个中国装饰图案，都含蕴着一个理想。这个理想是给予我们透视中国 5 000 年的历史文化的基础。借此才可以对中华民族的希望、恐惧、热望和信仰有所了解。"

莲池中游动的两条鱼，寓意连年有余，金玉满堂；一棵松树下四只白鹤，寓意松鹤延年、松鹤长春；葡萄因果实累累，用来寓意丰收、多子多福，并象征着人的事业等各方面的成功；双栖于梅花之上的绶带鸟，寓意夫妻恩爱、白头偕老；孔雀是吉祥、善良、美丽、华贵之意；狮子，百兽之王，勇不可当、威震四方；仙女散花寓意春满人间、吉庆常在；牡丹象征富贵，牡丹、荷花、瓶子三种元素的共同体寓意富贵和平；白头鸟与牡丹则是夫妻长寿恩爱、富贵美好的象征。梧州骑楼建筑在中国传统建筑文化与西方建筑文化融突求和的动态过程中，凸显了中国传统建筑文化的包容性、开放性以及创造性。骑楼城的建筑装饰不仅体现在器物文化的层面上，还蕴含了中国传统的吉祥文化以及和合文化观念，展现了中华和合文化的历史源流。

三、骑楼景观艺术

（一）骑楼

梧州素有“百年商埠”之称，曾是岭南地区政治、经济、文化中心，而骑楼是昔日商贸繁华的标志。骑楼建筑是结合南方潮湿多雨及多洪易涝的气候特点而设计建造，一般为三四层楼房，地层商铺门面向内缩入两三米，作为人行走廊，也叫作“骑楼底人行道”，这样既可以替行人遮阳挡雨，又可以为商铺营造舒适环境，显示出商家诚信待客的经商之道。楼房二层一般设有水门，是为备洪水浸街时楼上方便居民出入用的，可以在水门放下一把竹梯，居民从竹梯上下搭艇，也可以在水门放下竹篮向沿街巡游的售货小艇购买米、油、蔬菜、火油、电池等生活必需品。临街砖柱上镶嵌铁环高低各一只，亦为备栓泊船艇系缆绳用，这些都是因为梧州地处三江水口，几乎年年有几次洪水淹街的特殊需要。梧州骑楼文化已成为当地一道亮丽的风景线，曾被入选中央电视台《正大综艺》栏目。目前，梧州已修建好防洪堤，每年屡遭洪涝灾害影响的现象已成为历史，但骑楼这一独特的建筑风格已作为历史的见证保存下来。现存骑楼街道 22 条，总长 7 千米，最长的达 2 530 米，骑楼建筑 560 幢，其规模之大、数量之多，国内罕见，是名副其实的“中国骑楼博物城”。

梧州的骑楼建筑主要是前铺后宅，下铺上宅、住商合一。楼下是人行交通通道，骑楼建筑柱廊外侧是车辆交通通道。一般采用钢筋混凝土结构，柱间距一般为 3 ~ 5 米。顶饰、阳台、柱头等形式各异，或庄重大方或精巧别致，或典雅高贵。浮雕、罗马柱、圆拱形窗，融合了中国传统风格和欧洲古典建筑风格。从梧州骑楼的外观上，可以看到当时许多有代表性的中国建筑语言，如花窗、砖雕、牌坊等，都十分精致，其功能和艺术达到了相当高的水平。走进骑楼城，如同走进了骑楼博物城。在这里，体现水都风韵的清水墙，西式风格的铁栏观景阳台，西化痕迹较浓的罗马柱、圆拱形窗，梧州特有的水门和拴船铁环等建筑构件被突出表现于立面之中。

梧州骑楼城地处两江交汇处，常年受洪水的袭击，居民为应付河水上涨时出入方便和系船专用，就出现了水门和骑楼柱上的铁环。在靠近河边或其他低水位街道的骑楼砖柱，建造时预埋铁环，作为洪水浸淹街道时拴船之用。低水位骑楼临街二楼以上窗户为门式，以备洪水期从此上下船。这个特点是国内骑楼唯一的。过去，洪水上街时，市民并不惊慌。水到门口，垫几块砖，继续做生意、打牌、摸麻将。水到二楼时，市民将船系在铁环，从窗口或水门上下船进出。

在骑楼博物城，随处可见墙面上蕴涵中国传统文化的灰雕艺术。在大南路骑楼城墙上，一幅浮雕为“连年有余”，莲池下面游着两尾鲤鱼；另一幅浮雕展示的是一棵松树下有四只白鹤，其寓意为“松鹤长春”。女儿墙是骑楼城建筑装饰构件中最温婉的名字。骑楼屋顶半人多高、临街而立的矮墙就是女儿墙。女儿墙的来历非常有趣。在古代时，大户人家由于受封建礼教的束缚，为了不让自己的女儿随便出门，在屋顶和墙垣上特意建造了一堵墙。而女孩子在足不出户的情况下，却又禁不住外面世界的精彩和诱惑，于是便悄悄地攀上屋顶或高墙上，隔着那道矮矮的防护墙向外眺望。久而久之，便被人称作女儿墙。这种屋顶临街的矮墙，让深闺的千金小姐在此俯视浮生俗世，不显山不露水地绽放青春。偶尔抬头的书生幸运地抓住这抹春色，一段浪漫故事便从此开幕。

骑楼街主要分布在大东上路、大东下路、阜民路、大同路、中山路、竹安路、五坊路、沙街、九坊路、南环路、大中路、民主路、建设路、大南路、小南路、四坊路、桂林路、桂北路、北环路等街道上。连绵成片的骑楼，是梧州昔日辉煌繁荣的标志。骑楼街士贾云集，最风光时街上有大小商号 1 500 多家，造就了上万富商。骑楼城最经典的建筑为梧州海关旧址、思达公医院旧址、大同酒店、新西旅社、大东酒家、粤西楼等，最有历史文化底蕴的街道是马王街和金龙巷。骑楼城的中心在骑楼城牌坊至中庭广场，里面展示有赵光、牟子等梧州历史名人雕像。而新西旅店至龙母太庙的防洪堤内墙有一段长 1.4 千米的梧州历史文化长廊，游骑楼城一日便可读懂梧州两千多年历史。

改造后的骑楼城增加了金龙巷、四坊井、维新里、中国骑楼城牌坊。牌坊是一种有着悠久历史的建筑小品。在古代，牌坊是崇高荣誉的象征，树牌坊是彰德行、沐皇恩、流芳百世之举。从建造的目的看，牌坊大致分两种：一是表彰宦绩政声、孝子义士的牌坊，这种牌坊大多属北派牌坊，由官府审核后方可建造；二是街巷、里院的入口门房，起到装饰美化、风俗展示、标识引导等作用。骑楼城的牌坊就属于后者。骑楼城的牌坊不仅是建筑小品，还蕴含着丰富的文化内涵和象征意义，其通过牌坊上雕刻的各种图案花纹，用隐喻手法表现出来。骑楼城牌（图 6-1）坊参考了梧州中山公园入口处的牌坊形式，其四柱落墩都采用龙凤呈祥和百鸟朝凤的镂空图案，柱内置有灯光，使图案在晚上更显瑰丽多姿。牌坊上方除正中横梁是二龙戏珠图案外，两侧正反两面每一幅图案都不一样，各有寓意：三只憨态可爱的小象，寓意万象更新；美艳盛开的牡丹，寓意花开富贵；随风轻摆的竹丛，寓意竹报平安；跳跃嬉戏的喜鹊，寓意喜上枝头等。牌坊正面上方“中国骑楼城”四个大字为时任中共广西壮族自治区党委副书记潘琦所题。潘琦对骑楼城很有感情，多次考察骑楼城，并写了一篇《漫步骑楼城》游记，发表于 2004 年 9 月 30 日《广西日报》第 11 版。2004 年 9 月 30 日正是骑楼城维修工程竣工、举行开城仪式的大好日子，潘琦以《漫步骑楼城》一文作为献给梧州骑楼城开城仪式的一份厚礼。牌坊上方的背面图案为梧州著名的旅游景点系龙洲。这些精心设计的山花板饰是专门到广东云浮定做的青灰石雕，每一件在做工上都要求精巧细致，蕴含着喜庆吉祥的祝愿。

图 6–1 骑楼城牌坊

（二）市井文化雕塑小品

骑楼城牌坊附近新增了“一分炒两味”“艇仔粥”“埋街”“两小无猜”等市井文化雕塑小品（图 6–2）。骑楼城在孕育繁华商业贸易的同时，诞生了独具韵味的市井文化。这种市井风情成为当时市民日常生活中不可或缺的一部分，深深地印在人们的记忆中。骑楼城风情最具代表性的要数 20 世纪 60 年代沿街叫卖和味橄榄、喉柑子。在当时物质和生活还不很富足的年代，听到“和味喉柑子，一分炒两味”的叫卖声，用一两分钱买几个橄榄或喉柑子过过嘴瘾，曾给多少市民的生活带来期待和欢乐。“和味喉柑子，一分炒两味”也成了朗朗上口的口头禅。梧州是岭南水都，饮食文化十分发达，“艇仔粥”是梧州最具特色的风味小吃之一。2002 年，梧州河东防洪堤建成后，梧州人告别了几千年的洪水，“埋街”是当年洪水来时梧州人民从容应付洪水的写照。洪水来时，船民沿着水街叫卖，将食品等送到被洪水围困的居民楼下。“两小无猜”反映的是一对青梅竹马的少男少女到河边放龙船的情形。实际上，梧州人对水有一种特殊的感情。像这种颇具人情味的市井风情在当年的骑楼城里还有很多，如“落大雨，水浸街，阿妈担柴上街卖”“倒垃圾”“补镬”等。当年骑楼城的这一声声的低吟高喝，早已消逝在历史的长河里，但是它们却活在人们的记忆中。

图 6-2 市井文化雕塑小品

（三）历史文化名人雕塑

骑楼城牌坊附近的赵光、牟子、士燮、“三陈”等梧州历史名人雕像，可使游人了解梧州深厚的历史文化底蕴。梧州是一座有着两千多年历史的城市。汉高帝三年（前 204 年），赵佗在番禺（今广州）建南越国，自称南越武王。汉高后五年（前 183 年），赵佗封其族弟赵光为苍梧王。赵光即位后，建苍梧王城。这是座土城堡，位于摩天岭（今梧州市第一幼儿园一带）。骑楼城牌坊后边有赵光和牟子雕像。

牟子是苍梧郡广信县人。博览群书，勤奋好学，不愿当官，潜心钻研老子和佛学，极力推崇老子的“绝圣弃智，修身保真”的学说。其所著的《理惑论》37 篇，以儒道的观点宣讲佛家原理，糅合儒道各家学说，自成一体，是中国第一部佛教专著。牟子也是第一个将梵文 Buddha 译为“佛”的人。在牟子之前，Buddha 译作“浮屠”。牟子在《理惑论》中说道：“佛者，谥号也，犹名三皇神、五圣帝也……恍惚变化，分身散体，或存或亡；能小能大，能圆能方，能老能少，能隐能彰……故号为佛也。”牟子抓住了 Buddha 是佛教崇奉的最高偶像（犹如儒家崇奉的三皇五帝），并且神秘多变的特点。实际上，“佛”字最初的本义是看不清楚的神秘的人。牟子在广信选中其所具有的“巨人”“多变”两大特点，用来表述 Buddha，实在是匠心独具，“佛”从此便成了全国公认的 Buddha 的标准译名。

另一尊出名的雕像是士燮。士燮是苍梧郡广信县人。其先祖是鲁国汶阳（今山东宁阳）人，因王莽之乱避难交州。父士赐予桓帝时任日南（今越南中部顺化一带）太守。士燮少年时游学京都洛阳，研习《春秋》经传，后著有《春秋经注》《公羊注》《谷梁注》。汉灵帝熹平四年（175 年）举孝廉，补尚书郎。后授官巫山县令，任交趾郡太守、安远将军、卫将军、龙度亭侯、龙编侯，政绩卓著，名满一方。他的几个弟弟也很有学问，为朝廷重用：士壹任合浦太守，士黄有任九真太守，士武任南海太守。一时间，岭南成为士家天下。在当时诸侯纷争、中原动乱的情况下，岭南社会安定，经济繁荣，故士家深得人民的拥戴。汉南大帝建安十五年（210 年），孙权加封士燮为左将军。士燮诱导益州豪姓雍闿等率领本郡人民归附孙权，孙权升士燮为卫将军，封龙编侯。士燮在郡任职 40 多年，死后埋葬在越南。而其家乡苍梧县京南镇旧街、桂江边还有为纪念士燮而建的石刻、大人庙。

第二节　梧州饮食文化

一、茶文化

梧州是一座山水城市，适合休闲式的小市民生活。梧州人早上见面互相问候是问对方“饮了茶没有”。可见，饮早茶是大部分梧州人生活的一部分。

梧州人的生活离不开饮早茶，茶楼布满大街小巷，自古就“茶楼多过米铺”的说法。一般的茶楼设有早茶、下午茶、夜茶，人满为患。一杯清茶，一碟肠粉，一碗皮蛋瘦肉粥，就可以把长长时光打发掉。远方朋友来了，梧州人就说，“我请你喝茶”，很少说“我请你喝酒”。除了喝茶比喝酒经济，还与梧州人性格温和少了些痛快有关。梧州人不卑不亢站在你面前，不跟你勾肩搭背做铁哥们，也不跟你结冤仇，你不知道梧州人心里在想什么。梧州茶楼里大部分都是真正的闲人，吃与聊摆在同样重要的位置，筷箸如飞，妙语连珠，上午茶可以直落下午。他们认为：“早茶也可以在家里吃，走这么远来茶座，就是喜欢这份热闹。”梧州人“饮早茶”的食俗，已延续了上百年。骑楼上的茶座，更是梧州城一道繁华的风景，成为梧州人富足安适生活的标志。梧州人喝早茶，热情堪称广西之最。有些人会天天去饮早茶，每天去各大茶楼喝茶的人老中青小都有，有和亲朋好友一起的，也有和生意场上的对手一块儿的。“饮早茶”价格非常便宜又有营养，还可以凑热闹。所以，梧州不少茶楼桌子多则100多张，少则几十张，每天清晨大多座无虚席。

梧州人有这样一个习惯：有朋自远方来，不管他们的家境如何，请客人喝早茶那是最基本的待客之道。梧州人喝早茶一般是大酒店。喝早茶的地方环境各有千秋，装修也各不相同：有的大气，富丽堂皇；有的古典，古典中带有小清新。而有些酒楼基本也没有装修，一幅老食肆般的破旧，但是食客同样络绎不绝，一派热闹的景象。作为真正的梧州人，他们更喜欢这样的一种氛围。因为他们认为，在经济不断富余的如今，在这样的地方喝早茶，既能品味到绝好的早茶，又能在品尝中感受历史沉淀的古梧州。这才是真正的梧州早茶。

梧州早茶讲究色、香、味俱全，种类繁多。光粥就有金银肉丝粥、柴鱼花生粥、白果腐皮粥、生滚鱼片粥、花蟹肉粥、瑶柱蛤蚧粥、猪骨菜干粥、鱼翅鸡煲粥、青口肉粥；糕饼有生榨马蹄糕、九层马蹄糕、五味芋丝糕、扁豆牛肉饼、珍珠南瓜饼、鲜肉芋丝饼、香煎虾饼、甜玉米煎饼、甜香麦饼、青豆玉米饼、家乡煎芋饼、肇实肉煎饼、鱼肉莲藕饼等；肠粉也是粤式的，粉薄而嫩滑，有猪肉肠、牛肉肠、净肠等。当然还有豆浆、艇仔粥、田螺、烧卖、肠粉、蒸排骨、凤爪等诸多小吃。

梧州人喝早茶的境界很高。梧州是一座水城，过去每年都会有一次“水满市区”的时候。但令人佩服的是，喜欢喝早茶的梧州人竟然有“不管堤防外的大水是否已经快要漫进城来，仍然会找一个地方喝早茶”的境界，对凶猛的洪水不屑一顾，更有甚者划着小船“迎”着洪水偕老带幼去喝早茶。

据了解，中华人民共和国成立前，“饮早茶”与现在比，不能同日而语。现在的早茶种类越来越多，品种已经不下100种。喝早茶的人也越来越多，除了老年人，中年人、青年人也多了。以前梧州人早上都是随便吃碗米粉，现在生活好起来，都跑到茶楼来了。尤其是老年人，早起锻炼，再喝早茶是既定的习惯。两广人进早餐前，习惯先喝茶，故名“饮早茶”。梧州人“饮早茶”的食俗，已延续了上百年。饮早茶的地点也随着新酒楼的不断出现而改变着，以前大家爱去的是得月楼、大东酒家、粤西楼，后来是好景、五丰，现在是东信、丽港、幸福等酒楼。

二、美食文化

梧州是一座有着 2 000 多年悠久历史的水城。房子多是依山傍水而建，这注定了梧州人也是依山傍水而活的。山，幽静而安详；水，澎湃又静谧。这些铸造了梧州人精致和宁静的性情。这种性情，也体现在吃上。因比邻广东，近靠港澳，语言、饮食、生活习俗与粤港澳人相似，自然深受粤菜的影响。梧州风味美食、特色佳肴令食家称赏、叫绝，食家常发出“食在梧州”的慨叹。“举世无双”的鸳鸯江、独具神韵的骑楼建筑还有梧州美食是梧州旅游的拳头项目，在两广久负盛名。千百年来，静赏着鸳江秀水，大啖诱人美食，梧州人就是这样在绿水青山之间温文尔雅地吃着。

（一）三黄鸡

梧州三黄鸡（图 6–3）岑溪、藤县等为产地，因鸡嘴、脚、羽毛均呈金黄色而得名。肉纹幼嫩、平胸肉厚、味道鲜美，为宴席上等佳肴。

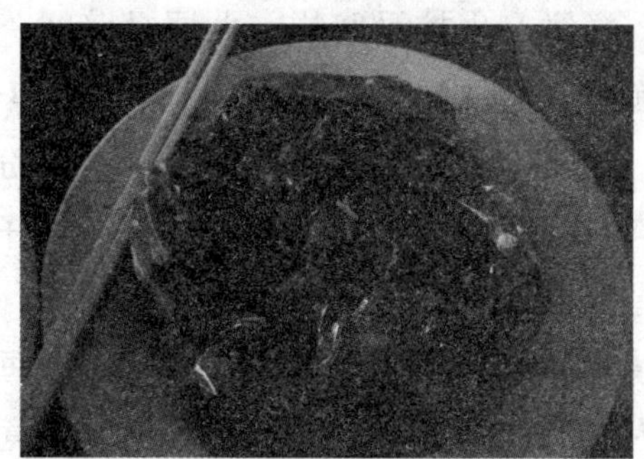

图 6–3　三黄鸡

（二）纸包鸡

梧州纸包鸡相传已有近百年历史，始创于民国初期的梧州官办酒楼环翠楼厨师官良之手。起初，纸包鸡仅限于款待达官贵人，后来名酒家粤西楼老板重金聘请了该厨师官良。自此，纸包鸡佳肴遂为民间百姓所品尝，日渐扬名于桂粤港澳及东南亚各地。1985 年，梧州纸包鸡被选拍入《中国一绝》风情电视纪录片。梧州纸包鸡制作工艺独特，采用本地纯正三黄鸡，切件调味后，用玉扣纸包裹，再用花生油炸至玉扣纸金黄色而成，非常讲究火候。所以，它保持了鸡的原汁原味，气味芳香，鲜嫩甘美，滑而不腻。据说，粤军将领陈济棠为能吃上梧州纸包鸡，曾特派专机由穗来梧空运此佳肴。名菜纸包鸡经过代代师传，现已成为广西传统名菜。国内外的游客、商人，凡是到梧州来的，都以能到大东酒家、粤西楼品尝纸包鸡为一大快事。

（三）醒醒田螺

有民谚曰："鸡汤甜，鸭汤臊，饮着螺汤不抬头！"说的就是梧州人吃田螺的情形。据记载，炒田螺在梧州已有250多年的历史。将活田螺处理干净后，把螺尾去掉少许，以便入味。然后，配上蒜泥、姜末、酸笋、豆豉、紫苏和辣椒，炒至近熟后加入猪骨汤熬至螺香四溢，即可趁热食用。也有一种是不用猪骨汤熬的，直接加蚝油生炒。梧州的大街小巷都有很多田螺摊，大校场、五坊路、一中旁等地都有经营时间比较长又好吃的田螺摊。不过最出名的还是在东正路上的醒醒田螺（图6-4）。它还有一家分店在官塘公园旁边。这里的田螺和石螺鲜美中带香辣，滋味好得很。每晚入夜，坐在小桌边吃田螺的人就络绎不绝。这里除了田螺、石螺，还有酸笋、豆腐果和一种薄薄的宽切粉，一块钱一碗，放一些田螺酸笋汤一起吃，又滑又嫩又辣，非常好吃。

图6-4 醒醒田螺

（四）艇仔粥

梧州依山傍水，古时便有许多水上人家，他们生活、劳作都在船上。于是，一些商贩便把生意做到江面上去，商贩摇着小艇，装着生活必需品、食品沿江叫卖。其中，以卖粥最多，这种粥多是船上人家以新鲜河虾、鱼片配入稀粥中熬煮而成，称为"艇仔粥"（图6-5）。每年西江水涨，这种艇仔粥就卖到被水浸的街市居民中去，久而久之，艇仔粥便成了梧州出名的地方小吃。

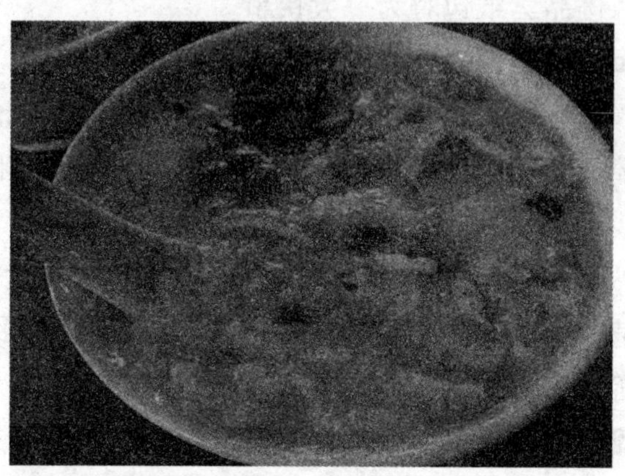
图 6–5 艇仔粥

卖粥人把煮好的粥和做好的粥料带进小艇，一边摇桨，一边叫卖。有人光顾，便把小艇摇近，先把粥料逐样放进碗底，接着将滚烫的粥倒进碗里，食者自行将粥搅匀即可食用。艇仔粥的制法和食法相当特别。其制法是用上好大米配以猪骨，先用明火后用文火把粥熬至黏稠待用。同时，分别制作粥料。粥料通常有叉烧、西肚、鱼柳、花生、虾米、炸粉丝、葱花、生菜等。这些粥料特别讲究刀工精细，将它们切成丝状，依次分类。

（五）冰泉豆浆

随着社会的进步，梧州的水上居民大都搬到陆上居住，水上街市已不复存在，但是这种风味独特的食品以新的形式保留下来。现在，在梧州的街头食肆，会看到精致的木质仿真小艇，船舱里装着一格格粥料，店家随食客口味配捡粥料拌粥。在品尝传统风味的同时，勾起一种怀旧的情怀。现在增加了许多配料，如海蜇、花生、葱花、猪肉丝……味道更加丰富，营养价值更高。不饮冰泉羹，枉然到梧州。有语云："不饮冰泉豆浆，不算到过梧州。""梧州豆浆冰泉熬，品尝一口齿留香。"梧州冰泉豆浆的魅力可见一斑。

冰泉是梧州冰泉豆浆出名的"功臣"。"冰井泉香"在唐朝已经出名。乾隆《梧州府志》记："梧州城东有井出冰泉，井水甘凉清冽。"冰泉豆浆以梧州特有的冰泉之水浸泡优质黄豆，精工细磨，沥取浆液，配上好白糖，以文火熬制而成。这种豆浆能很好地保持黄豆的原色，是一种内含植物蛋白质，营养极其丰富的饮品。冰泉豆浆凉冻后，面上凝成一层薄豆皮，滴在桌上成珠，聚而不散，谓之“滴珠豆浆”。

图 6–6　冰井

所以到梧州喝豆浆，可不是在街边小摊喝的，要到远离市区的白云山脚下的冰泉豆浆馆去喝。冰泉豆浆馆是梧州最正宗最大的一家豆浆馆，每天早上常有好几十批人轮番光顾。因此，每逢节假日，除非 9 点以后去，否则还要预订。据说中华人民共和国成立前就有这个店。这里有一口冰井（图 6–6）。据说宋代大文学家苏轼两度路过梧州，均用井中泉水泡茶。宋代任诏有诗云：“命僧旋汲之，入口胜霜冷。试烹白云茶，碗上雪花映。”这里出售的豆浆，有分开买的，还有豆浆、马蹄糕、芋角等，想吃什么买什么．有“一客”“一客”要的，就是每一客除豆浆随便喝之外，还配以马蹄糕、芋角、肠粉等一类的咸、甜点心．一客收八元钱，可以选八种点心。虽然要“一客”的客人可以不限量地喝，但是人们的肚量相差很大，一般人只能喝一两碗而已，也有人能够喝四碗或五碗，听说最高纪录是有人能喝八碗。

（六）龟苓膏

两广气候湿热、多雾（古称瘴气），人容易上火热气。龟苓膏（图 6–7）是最好吃的消暑品。龟苓膏是历史悠久的梧州传统药膳，相传最初是清宫中专供皇帝食用的名贵药物。它主要以名贵的鹰嘴龟和土茯苓为原料，再配生地等药物精制而成。其性温和，不凉不燥，老少皆宜，具有清热去湿、旺血生肌、止瘙痒、去暗疮、润肠通便、滋阴补肾、养颜提神等功效，因而倍受人们喜爱，并畅销中外。分别配以炼乳、蜜糖、牛奶，就成了一碗碗冰凉可口的即食美味。配料不同，功效也有所不同。如果时常感到消化不良、胃气胀，吃一碗龟苓膏就使人开胃，大便畅通。一般人如果能一星期吃一至两碗的话，可以减少身体染病的机会。

以前在文化路上，有一家药厂办的龟苓膏店，龟苓膏一元钱一碗。这里的龟苓膏用药厂出的药粉煮成。本来是一大锅像豆腐花一样成片的，只不过它是黑色的，用勺子舀到碗里，用剪刀剪几下，加上一些蜜糖，清甜中带着苦味，新鲜嫩滑，口感非常特别，真是好吃。可惜后来那一片房子拆了，店也不见了，再后来那里盖了一栋东信宾馆。现在在宾馆的边上，有一个七八平方米的小店，卖的也是龟苓膏，生意不错。

图 6–7　龟苓膏

因龟苓膏的奇特药效，现在在很多地方，特别在沿海一带城市，食肆酒楼都能尝到龟苓膏，只是可能没有药味。更多的人喜欢买易拉罐装的，可一定要买梧州出的，因为这才是正宗。梧州的罐装龟苓膏确实一直畅销中外。而笔者建议大家买 5 元左右一大袋的梧州“双钱”牌龟苓膏粉，在家自己做，一大袋可以做很多。以街上卖的碗来衡量的话，至少可以做几十碗左右，而且药效更好。

（七）蛇宴

梧州人自古会吃蛇。他们认为，吃蛇和喝蛇酒可以滋阴补肾，益脾健胃，补气壮阳。随着梧州饮食业的兴旺，梧州如今各式蛇宴（图 6–8）菜肴更始风靡，很多酒家都有蛇鸡煲，蛇三味（椒盐蛇碌、炒蛇衣、荷叶蒸蛇肉），较高档的有鸡丝烩蛇羹、三蛇龙虎烩、鱼翅菊花三蛇羹、七彩蛇衣等。蛇宴制作根据不同的蛇品种，可用蒸、焗、煎、炸、炒、熬、煲等不同的烹制方法，配以各种不同的作料制作成各款粤式、川式美味佳肴，是迎宾宴客中的一种高级享受，也是一种极佳的保健食品。蛇宴中的用蛇生宰即制为之上品，可将所得的鲜蛇血、鲜蛇胆调制成鲜蛇血酒、鲜蛇胆酒，这是蛇宴席上不可多得的佳酿。而活宰的蛇可分别以蛇衣、蛇骨及肉蛇内脏配以不同作料，烹制出百余款不同品味之佳肴，经厨艺大师拼制成各种图案，组成丰盛美味的全蛇宴。品蛇按中国民间的传统习惯最理想的是在秋冬时节，俗话说："秋风起，三蛇肥，进补要及时""秋冬不补，人生易老"，所以中国南方包括香港、澳门等地区，许多家庭以及行业工会社团都有入秋后参加或组织旅游美食团来梧州一品蛇宴以求进补的习惯。

图 6–8　蛇宴

在梧州，人们不仅是为了尝鲜而吃蛇那么简单，已经上升到了一种考究和品尝的层次，要不怎么有蛇宴之说。在梧州，全蛇宴吃法可谓最讲究、最有门道。既然是全蛇宴，真个是无一菜无蛇。烧蛇段、炖蛇羹，这些粤菜中常见的蛇菜应有尽有，还另创出了许多奇巧精致的做法。椒盐蛇段取的是灰鼠蛇最肥美的一段，炸得外焦里嫩，香酥绵长。三蛇炖蛤蚧取眼镜蛇、金环蛇、银环蛇与蛤蚧，用文火慢慢炖出来，最是大补。还有"凉拌龙衣"，即将蛇皮切成精细的小丝，用清净的素油精盐拌后，吃到嘴里，轻滑爽口，咽下肚去，清心爽目。吃蛇宴，喝的酒当然也是蛇泡酒。这些酒各有讲究，有的壮腰补肾，有的祛风湿。

如今，梧州人吃蛇有了一种新的吃法叫涮蛇片，就如北京涮羊肉一样。蛇的全身都是宝，皆可食用。先挑选蛇种，榕蛇或水律蛇等，活杀，取胆、剥皮、片肉、剔骨；蛇胆泡酒；蛇皮、肉分离，切片，摆盘；蛇骨与鹧鸪一只（调其鲜味）熬汤，汤内放入枸杞、党参、当归、桂圆、红枣、砂姜。当汤炖至微开，倒入绍兴花雕酒些许，去其腥味。等汤水沸滚，即可涮肉、饮汤。筷夹蛇片，滚水中一涮，蘸些调味作料，入口，甜嫩爽口。再舀一碗蛇汤，食上一啖，鲜美无比。此种吃蛇虽然没有放一粒味精，但比蛇炖鸡更加鲜甜。现如今，梧州人不仅去酒店吃蛇，还会自己做蛇。每家人都各自有自己独特的烹制方法，对吃蛇的体验也可谓如数家珍，可见梧州人钟爱吃蛇。

（八）龙虎凤烩

龙虎凤烩（图 6–9）是梧州的一道传统名菜。其选用广西特产野味为原料，配以香菇、木耳、陈皮等 20 多种作料精制而成。食用时，气味芳香，口感嫩滑鲜美，有“桂东南第一味”的美誉。

图 6–9　龙虎凤烩

（九）神仙钵

神仙钵（图 6–10）是梧州市饮食市场上的一朵奇葩，又叫打边炉。以白醋 2 斤、红糖 6 两、沙姜 3 两倒入瓦钵，放在炭炉上熬成汤，然后选用牛三星（牛黄、牛肝、牛双弦）、鱿鱼、蜇皮等为肉菜上料，或选用鸡鸭的翅膀、猪粉肠亦可。当炖钵的汤水烧滚，可将席前的肉菜一件件夹起放在炖钵里烫，边烫边吃。由于菜料不断吸进汤里的味道，形成酸甜爽脆的风味，吃起来舒服得有如神仙的感觉，故名“神仙钵”。这种吃法为梧州独有。田螺鸡煲是一种将田螺与三黄鸡件混合在瓦撑锅内的美食，配以甜笋、生姜、紫苏等料，肉嫩汤鲜，香味诱人。

图 6-10　神仙钵

（十）龙舟牌腊肠

图 6-11　龙舟牌腊肠

龙舟牌腊肠（图 6-11）是市食品总公司肉食制品厂生产的广式腊肠。精选新鲜猪肉为主要原料，用传统方法、先进设备加工生产，已有上百年历史。龙舟牌腊肠色泽鲜明，包装美观，烹饪简捷，蒸炒煎炸，味道鲜美，入口衣脆肉爽，甘香不腻。既可登酒店餐馆大雅之堂，又是家庭宴客佳品，深受国内外食客和海外华人青睐，饮誉两广、港澳及东南亚各地。龙舟牌腊肠连年荣获广西优质产品、国家商业部优质产品称号，并获得广西首届消费者最喜爱的十佳食品奖。客到梧州，首选“龙舟”，分享口福，馈赠亲友。

第三节　梧州舞蹈曲艺文化

一、舞蹈

古代的民间舞，从其特点来看，主要是古代人们以模仿动物的形象而舞的舞蹈，其内涵与中国各地的传统图腾崇拜有着密切的关系。在固定的时间，将这些反映梧州人民劳动、生活、爱情、历史的剧、舞展现给观众，既能让人民大众参与，又能突出地方特色，提高梧州市的旅游地位，对吸引知识型旅游者起着较大作用。

（一）舞狮

舞狮（图 6–12）习武在梧州民间有着悠久的传统和深厚的基础，藤县、苍梧等地乡镇农村近年来狮队重新活跃起来，比较有名的有藤县禤洲龙狮团、苍梧新安醒狮团、蒙江子孙堂狮队等。其中藤县禤洲龙狮团和新安醒狮团曾先后多次于国内国际舞狮比赛名列前茅。藤县禤洲龙狮团赢得“东方狮王”美誉，是梧州很有潜力的正在探索走向市场的文化品牌。

图 6–12　舞狮

（二）麒麟舞

450 多年前，麒麟艺术随着客家先民们的脚步，从中原大地辗转扎根于梧州市郊，成为独具风格和魅力的一道文化风景线。麒麟是客家文化的图腾，也是传说中的神兽，它生性活泼、聪慧、祥和。它与龙、凤、龟并称为“四灵”，而麒麟居于“四灵”之首。传统的麒麟舞（图 6–13）分为头套和尾套，统称麒麟套。舞麒麟与舞龙舞狮相比，步法更刚猛，体现了麒麟的威武好斗性情。

图 6–13　麒麟舞

（三）鲤鱼舞

鲤鱼舞（图 6–14）源于我国古代“鲤鱼跳龙门”的传统故事，明、清时期就流传于苍梧县石桥镇一带。

1939 年，石桥镇学田村老艺人李启昌等加以改进提高。每逢喜庆节日，各乡村、城镇常常可以见到。民间传说，盘古开天辟地由鲤鱼带领才寻到水源。人们为了不忘鲤鱼的功劳，每逢农历正月初四祭神时，就舞起鲤鱼，以示纪念。以后又逐步衍变为每逢喜庆节日，都舞鲤鱼庆祝丰收，寓意“年年有余”，祈愿天下太平。鲤鱼的鱼头、鱼身、鱼尾三部分骨架用竹篾、竹片及铁丝扎成，然后用铁丝连接起来，再将圆竹棒的一头插入鱼腹至鱼背顶端为握棒，最后用白布包缝各部位，绘上图案和色彩。握棒，靠鱼的一端为棒头，另一端棒尾。鲤鱼舞由五位男子表演，动作大部分是模拟。众鲤鱼在头鱼的带领下，时而在水面悠然游动，时而潜下水底寻找食物，时而相互嬉戏。高潮时，鲤鱼急速翻腾，全力拼搏，最后高跃龙门。此时，观者大多情绪激昂，全场欢呼喝彩，气氛热烈。

图 6–14　鲤鱼舞

（四）金鸡舞

金鸡舞（图 6–15）流传于苍梧县夏郢一带，源于清朝，后失传。20 世纪 80 年代初，根据民间传说重新整理而成。剧情以金鸡战胜蜈蚣妖魔，使人民得以安居乐业为主题。全剧分为 3 节：金鸡报晓，给人民带来喜庆吉祥；驱邪降妖，金鸡与蜈蚣搏斗，最终金鸡战胜蜈蚣；共庆胜利。全舞由二人掌舞金鸡和蜈蚣道具，八名青年妇女伴舞，以打击乐伴奏。

图 6–15　金鸡舞

（五）盘王舞

盘王舞（图 6–16）是瑶族民间舞蹈，流传于苍梧县六堡和蒙山县夏宜瑶族自治乡一带。剧情是瑶族人民为纪念祖先遇难得救而感恩报德祭祀盘古王。盘王舞包括长鼓舞、旗舞、棍舞、刀舞、斧舞、捉鳖舞等，表演时以提脚的动作为主。表演者可以单独表演其中一种舞蹈，也可以连贯表演全套盘王舞。一般在每年秋收后举行，届时男女老少聚集一起唱歌跳舞。盘王节在每年八月初四举行。

图 6–16　盘王舞

（六）木犀舞

木犀舞（图 6–17）源远流长，在苍梧沙头一带春节期间盛演，1985 年被编入《舞蹈集成·广西卷》，曾多次在自治区及县内会演获奖。木犀舞用“木犀”为道具，其头部呈棕色，鼻、角长如犀牛，眼突口大，口眼可以开合，全身为棕色的长毛，并贴上星星点点的金色小点，形似一头怪兽。木犀舞以两人合演木犀，一人扮演降兽勇士。表演者随着打击乐的节奏起舞，时而跳跃，时而翻滚，表演木犀在洞中歇息、出洞、跳跃、抓痒、跳台觅食、与勇士搏斗、滚地，最后被勇士制服等精彩动作。全套表演贯穿着武功与艺术的结合，扣人心弦，淋漓尽致地表现了先人为民除恶的精神，所以深得群众喜爱。

图 6–17　木犀舞

二、戏曲

（一）苍梧鹿儿剧

图 6–18　鹿儿剧剧照

鹿儿剧（图 6–18）是苍梧民间传统的一种戏曲艺术，发展至今已有近 300 年的历史。近年来，在该县的农村十分盛行，是苍梧县当地深受群众欢迎的传统剧目。在大坡镇，有农民业余鹿儿剧团 11 个，演员 200 多人。其中，该镇的古元村剧团还获得了 2005 年全区优秀村、屯文艺队称号。每逢农闲喜庆节日，大坡镇的鹿儿剧团都到各村组巡回演出，丰富了农村的文化生活。由于形式活泼，具有地方特色，深受群众的欢迎。

（二）岑溪木偶剧

1930年前后，常有北流市木偶艺人到岑溪、藤县一带演出。1932年，岑溪有了木偶班子。自此，木偶剧（图6-19）逐渐成为当地群众喜闻乐见的艺术形式。1949年以后，木偶班子的艺人经县文化馆培训，表演操作技术提高得很快。

图6-19　木偶剧剧照

（三）粤剧

梧州粤剧文化有悠久的历史和深厚的功底。由国家一级演员潘楚华担纲主演的《女驸马》（图6-20）在两广和港澳地区都有名气。梧州粤剧团（又称广西粤剧团）多次访港演出获得成功，显示我市粤剧文化的底蕴和实力。市歌舞团与藤县东方狮王携手访问法国演出，也是一次联手打造品牌的成功尝试。广东、香港和澳门已成功申报粤剧为国家级非物质文化遗产，这对我们既是一个挑战，又是一个机遇。梧州市粤剧演艺文化在发扬自身优势的同时，积极借鉴外地先进经验，探索如何形成别具一格的流派，通过变“养人”为“养戏”的体制改革和建设演艺基地，谋求更大的发展。除《女驸马》外，还应创作以龙母为题材的品牌粤剧团曲目，利用梧州粤剧在粤港澳的影响，打造梧州粤剧的品牌。

图 6-20 粤剧《女驸马》剧照

（四）岑溪牛娘剧

岑溪牛娘剧（图 6-21），又叫牛娘戏、牛戏、地戏长衫戏，起源于中国祖先的春牛崇拜，是一种由舞春牛娱神活动发展起来的地方戏曲，是全国独一无二的地方剧种见。牛娘剧有传统剧目 250 多个。民间的牛娘戏班人数一般为 10~16 人，行当分生、旦、老、丑四类。表演时，演员唱完一个上下句，打一轮锣鼓。唱词以七字句为主，惯用比兴，风趣幽默、通俗易懂，喜剧特点突出，表演风格通俗朴素，深得地方群众的喜爱。

图 6-21 牛娘剧剧照

（五）藤县牛歌戏

牛歌戏（图 6–22）是藤县由民间舞春牛发展起来的地方剧种。清光绪元年（1875 年），金鸡镇安村“兆丰年”龙会、岭景镇篁村“同庆堂”，在“舞春牛”的旋律中加入“年宵歌”“贺年调”，并增加故事情节，发展成为牛歌戏，成为农民的精神生活与艺术享受的主要形式。牛歌戏所需场地不大，演出设置简陋，以唱为主，有做手、台步、圆场等简单演出动作。演员一专多能，既能演唱、扮演多个角色，又会打锣鼓钹，轮番上场。牛歌戏用藤县本地土话演唱，唱词与自然腔调接近。

图 6–22　牛歌戏剧照

三、山歌

（一）蒙山山歌

蒙山山歌，是蒙山县的传统文化之一。早在 1941 年前，蒙山山歌就在县内广为流行。蒙山县内语言种类繁多，因而又有蒙南山歌和蒙北山歌之分。蒙南山歌歌咏时接近粤语的蒙山南部方言，蒙北山歌用附城一带的蒙山本地话咏唱，曲调大同小异。蒙山山歌歌词结构基本形式是七言四句体，也有一部分第一句是三言，押腰脚韵。蒙山山歌遵从中国诗歌平仄规律，音律和谐，为徵调式蒙山山歌，曲调简洁优美、极易上口。蒙山山歌咏唱形式有自唱、男女对歌、打帮对歌。

（二）长洲下俚歌

下俚歌由明朝传唱至今，拥有1200多年的历史，现较流行于梧州市长洲区长洲镇泗洲村。下俚歌曲调古朴，每句七字，四句一段，每句句末都带衬词。唱衬词时，由乐手配合敲击一下铜锣，声调铿锵，意蕴无穷。歌谣富有地方特色，凡偶句后面均用“下俚”两字作为衬词，故称“下俚歌”。下俚歌主要有菩萨游歌和闲歌两大类。前者是每年农历十月十五抬菩萨出游时所唱，内容多为祈求风调雨顺、老少平安等吉利语；后者有生活歌、风物歌和谜语歌等。

参考文献

[1] 常龙飞．湘桂地区梧州瑶民歌研究［D］．北京：中国音乐学院，2012.

[2] 陈玉霜．岭南龙母文化地理研究［D］．广州：暨南大学，2006.

[3] 高天星，葛操．民俗审美心理意识与文化精神［J］．民俗研究，1995（4）:5-15.

[4] 古希花．谈骑楼建筑在梧州旅游资源开发中的价值［J］．旅游纵览（下半月），2015（3）:123,125.

[5] 过伟．广西西江流域民族文化资源的保护与开发［J］．广东技术师范学院学报，2005（2）:55-61.

[6] 李凯旋，毛廷贵．纪念苍梧先贤牟子 确立梧州佛城地位——“纪念牟子诞辰千年暨梧州作为岭南古代佛城地位学术研讨会”会议综述［J］．梧州学院学报，2015,25（1）:11-14.

[7] 李颖．民俗艺术的传播生态研究［D］．南京：东南大学，2015.

[8] 李日曼．广西西江经济带旅游资源空间分析及开发对策研究［D］．南宁：广西师范学院，2016.

[9] 刘林林．“景中村”的规划——以梧州苍海湿地公园念村为例［D］．长沙：中南林业科技大学，2015.

[10] 申载春．民俗的影视整合及审美价值［J］．山西师大学报（社会科学版），2003,30（1）:17-22.

[11] 宋灏漭．湖南省江华瑶族自治县涛圩镇梧州瑶歌传承现状的调查与研究［D］．乌鲁木齐：新疆师范大学，2008.

[12] 唐峰陵．基于游憩需求的梧州生态滨水旅游开发研究［J］．沿海企业与科技，2014（3）:70-73.

[13] 唐峰陵，岑海间．文化视角下城市休闲公园生态游步道产品设计研究——以梧州苍海公园为例［J］．企业经济，2014（11）:86-90.

[14] 陶思炎，孙发成．民俗艺术的审美阐释［J］．西南民族大学学报（人文社科版），2010,31（5）:1-6.

[15] 熊伟．广西传统乡土建筑文化研究［D］．广州：华南理工大学，2012.

[16] 徐洪琼．广西旅游景区空间结构分析［D］．南宁：广西师范学院，2013.

[17] 杨庆黎．民俗文化审美探究［M］．北京：中央民族大学出版社，2013.

[18] 赵德利．民俗审美论纲[J]．新疆大学学报(哲学社会科学版),2005,33(4):114-118.

[19] 钟声宏．广西民俗文化与民俗旅游开发研究［D］．桂林：广西师范大学，2000.

[20] 朱希祥，李晓华．文艺民俗与日常生活审美化[J]．文艺理论研究，2007(6):54-60.

[21] 朱希祥．中国文艺民俗审美研究的理论阐释和意蕴拓展［J］．杭州师范学院学报（社会科学版），2007,29（6）:76-81，86.